图解篮球战术

有效进攻与防守的基础配合和实用策略

王宇　张磊◎编

人民邮电出版社

北京

图书在版编目（CIP）数据

图解篮球战术：有效进攻与防守的基础配合和实用策略 / 王宇，张磊编. -- 北京：人民邮电出版社，2023.3
ISBN 978-7-115-60209-1

Ⅰ．①图… Ⅱ．①王… ②张… Ⅲ．①篮球运动—运动技术 Ⅳ．①G841.19

中国版本图书馆CIP数据核字（2022）第187580号

免责声明

内 容 提 要

优秀的个人技术是球队取得胜利的重要保证，但是越到高水平的比赛，球员水平越是旗鼓相当，此时团队协作成为影响比赛结果的首要因素。本书分为进攻和防守两大部分，分别针对进攻及防守战术的基础配合方法、常用团队战术以及应对各种情况的实用策略，以图文解读的方式进行了细致讲解，不仅可以有效帮助篮球教练、篮球方向体育老师等积累战术方法，以更好地执教，也可以帮助篮球运动员理解战术内容及执行方法，以扮演好自己在球队中的角色，从而帮助球队赢得比赛。

◆ 编　　　王 宇 张 磊
　　责任编辑　林振英
　　责任印制　马振武
◆ 人民邮电出版社出版发行　　北京市丰台区成寿寺路 11 号
　　邮编　100164　　电子邮件　315@ptpress.com.cn
　　网址　https://www.ptpress.com.cn
　　三河市君旺印务有限公司印刷
◆ 开本：700×1000　1/16
　　印张：12.5　　　　　　　　2023 年 3 月第 1 版
　　字数：217 千字　　　　　　2025 年 11 月河北第 9 次印刷

定价：68.00 元

读者服务热线：(010)81055296　印装质量热线：(010)81055316
反盗版热线：(010)81055315

前言

篮球运动于 1891 年起源于美国，男子篮球和女子篮球目前是奥运会正式比赛项目。由于此项运动具有趣味性、娱乐性、健身性和竞技性等特点，一经发明，很快便在世界各地得到广泛传播和开展，深受广大体育爱好者的热爱，在我国也有着深厚的群众基础和热度。

随着篮球技术的发展，运动员身体素质的提高，篮球规则的不断演变，篮球战术也随之变化和提升——从简单到复杂，从局部到整体，由低级到高级。随着世界各国篮球从业者在实践中不断对其进行总结和创新，篮球战术内容逐渐丰富，已经形成了一个多样化、层次结构完整的体系。

篮球战术是以篮球个人技术为基础，场上队员根据教练员的攻防指导方针和思路，按照一定阵型落位，全队有组织、有策略地进行协同配合，进而有目的地进行进攻或防守，最终达到预期的战术效果。要实现这个目的，不仅需要队员充分发挥个人的技术，还需要通过全队的默契配合，在进攻方面最大限度地发挥自己的长处，在防守方面最大限度地限制对手的长处，做到扬长避短，从而在攻防两端逼迫对手暴露行动意图。

场上五位队员各自既是个体，同时也是一个整体。个人进攻能力是团队配合的基础，团队配合是把每个人的特点和优势最大化发挥出来。因此，我们在学习和运用篮球战术时，需要统筹考虑个人技术，并运用到基础配合和五人整体配合中，最终实现全队篮球技战术的完美呈现，获得比赛的胜利。

本书是篮球入门者和进阶者的篮球战术学习指导手册，从进攻和防守两大篇章对基础配合进行详细解析，并以图文讲解的形式深入介绍相关训练形式和方法，并针对训练重点和易犯错误给予了指导性建议。在编写的过程中，王宇、张磊两位编者得到了诸多篮球界专家和所在单位同事的指导与帮助，在此表示衷心的感谢！同时希望篮球同人们给予批评指正。

扫描右方二维码添加企业微信。

1. 首次添加企业微信，即刻领取免费电子资源。

2. 加入体育爱好者交流群。

3. 不定期获取更多图书、课程、讲座等知识服务产品信息，以及参与直播互动、在线答疑和与专业导师直接对话的机会。

目录

第一部分　进攻篇

第 一 章　进攻战术基础配合

第二章　常用进攻战术配合

第三章　团队进攻实用策略

第二部分　防守篇

第四章　防守战术基础配合

第五章　常用防守战术配合

第六章　团队防守实用策略

第一部分

进攻篇

第 一 章

进攻战术基础配合

战术详解

练习1

当进攻方的持球球员1位于弧顶，未持球球员2位于侧翼时，防守球员通常会在两人之间进行防守，该情况下球员2可以考虑采用Ｖ形空切战术。

Ｖ形空切

图a： 在如图所示的站位中，Ｖ形空切是球员2快速获得空位的方式。球员2先从侧翼向篮筐移动1～2步，当防守球员随之移动时再快速返回侧翼并接球员1的传球，之后转身伺机投篮、运球或传球，整个过程中球员2的战术路线基本成Ｖ字形。

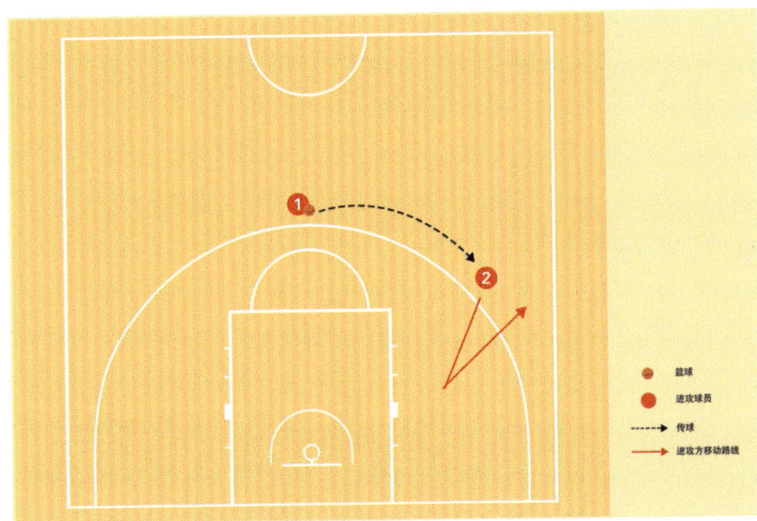

- 🏀 篮球
- 🔴 进攻球员
- ← ← → 传球
- → 进攻方移动路线

难度等级
★ ☆ ☆

指导建议

经验不足的球员进行Ｖ形空切时常会犯走弧线、步距小、跑速慢等错误，这会极大地影响战术成功率。要直接而快速地完成，以达到甩开防守、获得进攻空间的最佳效果。

练习2

L形空切

难度等级
★ ☆ ☆

战术详解

当进攻方的持球球员 1 位于弧顶附近，未持球球员 2 位于限制区外腰位位置，防守球员位于两人之间时，球员 2 使用 L 形空切战术较为有效。

图 a：在如图所示的站位中，球员 2 位于内线低位，不适合使用 V 形空切，此时可以先低位向高位移动，将防守球员引导至肘区，之后迅速横向移动至侧翼接球员 1 的传球，接球后以外侧脚为中轴脚转身面对篮筐寻找机会投篮，这便是一个典型 L 形空切的过程。

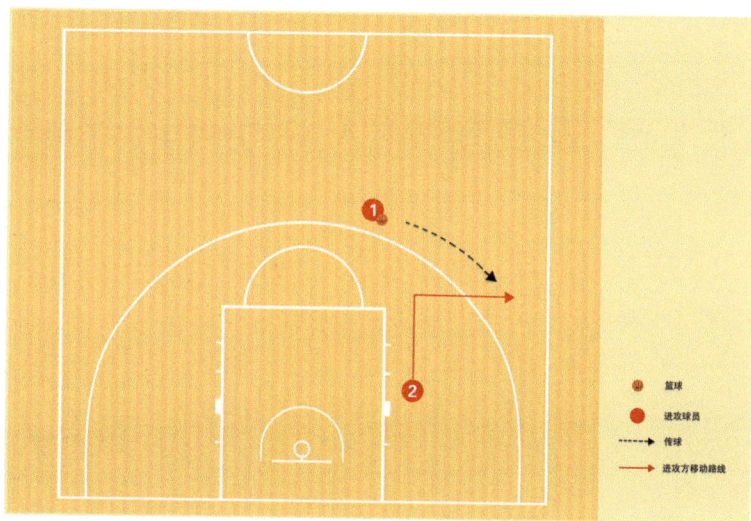

- 🏀 篮球
- 🔴 进攻球员
- ‑ ‑ ► 传球
- ── ► 进攻方移动路线

指导建议

L 形空切并不局限于上图所示情况，也可以从侧翼向罚球线处切。L 形空切的重点在于动作幅度要大，突然变向以达到欺骗防守球员的作用。

战术详解

当防守球员阻止持球球员1从外线向侧翼球员2传球时，进攻方的两名球员可以使用后门空切，以甩开防守。

图a：后门空切是通过配合制造得分机会的战术，位于侧翼的进攻球员2使用后门空切后，便可以在篮下获得空位。要执行后门空切，球员2应该先向三分线外移动，佯装接球，把防守球员带到三分线外。然后迅速把靠近中场的脚作为中枢脚，快速转身，向篮下空切，进攻球员1传球给球员2，球员2直接获得得分机会。

后门空切

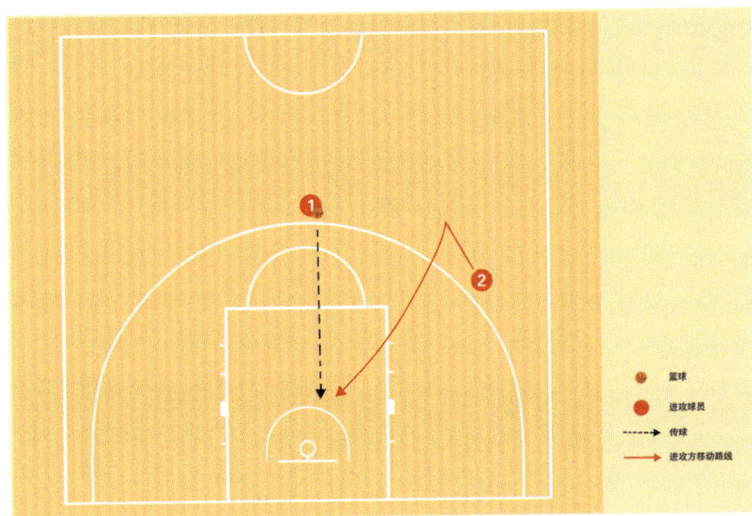

篮球
进攻球员
传球
进攻方移动路线

难度等级
★☆☆

指导建议　后门空切需要与队友配合默契。在向外线移动时，与其他进攻球员避免跑位重叠，同时球员1要有良好传球能力，能及时将球传到位，帮助球员2更好地接球。

练习 4

背后切入

难度等级
★ ★ ☆

战术详解

　　如果防守球员阻断了我方球员的传球路线，使我方球员无法顺利传球、接球，那么可以使用背后切入的方法，用来摆脱防守。

　　图 a：　球员 2 先吸引防守自己的球员到高位，然后降低重心，用靠近中场的脚向外迈一大步，转移重心到外侧脚，假装要球通过假动作为自己争取到足够的空位，之后向内线快速移动，甩开防守。

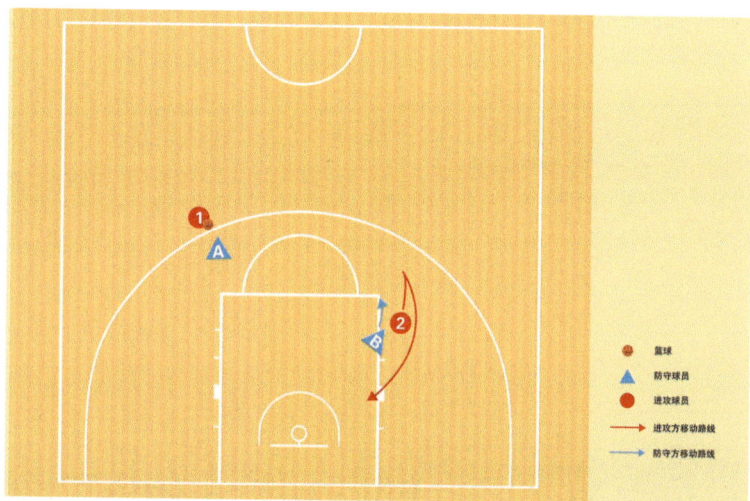

- 篮球
- 防守球员
- 进攻球员
- 进攻方移动路线
- 防守方移动路线

指导建议

　　背后切入开始时假动作要到位、逼真。执行战术时降低重心非常关键，通过重心的转换以假乱真，迷惑对手。变换重心的速度一定要快，加速突然才能摆脱防守队员，进而直切篮下给对手造成威胁。

图 b：球员 2 切入内线后，球员 1 迅速传球，球员 2 抓住机会直接在内线上篮。

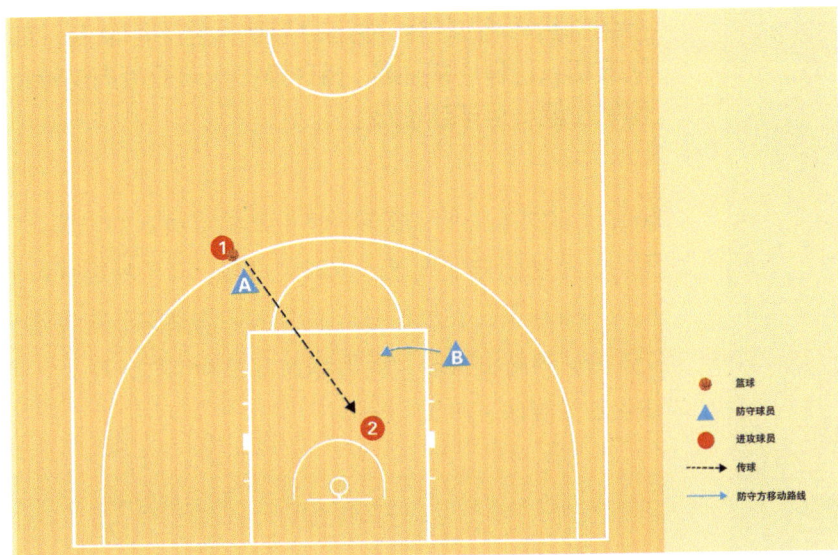

外线球员应敏锐观察队友切入的意图，抓准时机，在队友正好摆脱防守队员之后的第一步迅速将球传入，且传球要平直，速度要快。队友之间应通过多次训练形成传接球的默契，达到直接对篮下发起攻击得分的目的。

指导建议

练习 5

闪切和背后切入

如果队友被严密盯防，可以运用闪切来接球，在接到球后再将球传给通过背后切入篮下的队友。如果队友切入过程中被拦截，持球球员应该直接向前转身，伺机投篮、运球或传球。

图 a： 球员 3 先要观察被严密盯防的球员 2 的位置，然后快速闪切，移动到方便接球、传球的位置，双手举起准备接球。注意，如果球员 2 在低位被盯防或者无法接到外线传球，球员 3 应该闪切到高位接球；而当球员 2 在高位时，球员 3 则应该闪切到低位接球。

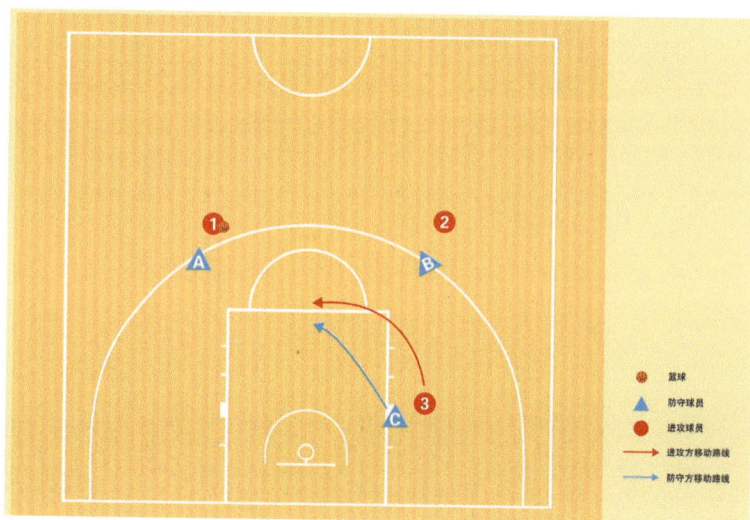

图例	
🏀	篮球
🔺	防守球员
🔴	进攻球员
→	进攻方移动路线
→	防守方移动路线

指导建议

这个战术要求队友之间配合默契，并且准确地把握背后切入时机，在闪切球员接住篮球后，背后切入球员才能切到篮下，这样才能快速、有效地执行战术，提高战术成功率。

难度等级

★ ★ ☆

　　图 b： 球员 3 移动到合适位置后，球员 1 将球传给球员 3。在球员 3 接住篮球的瞬间，被严密盯防的球员 2 应该快速执行背后切入战术，摆脱防守，移动到篮下。

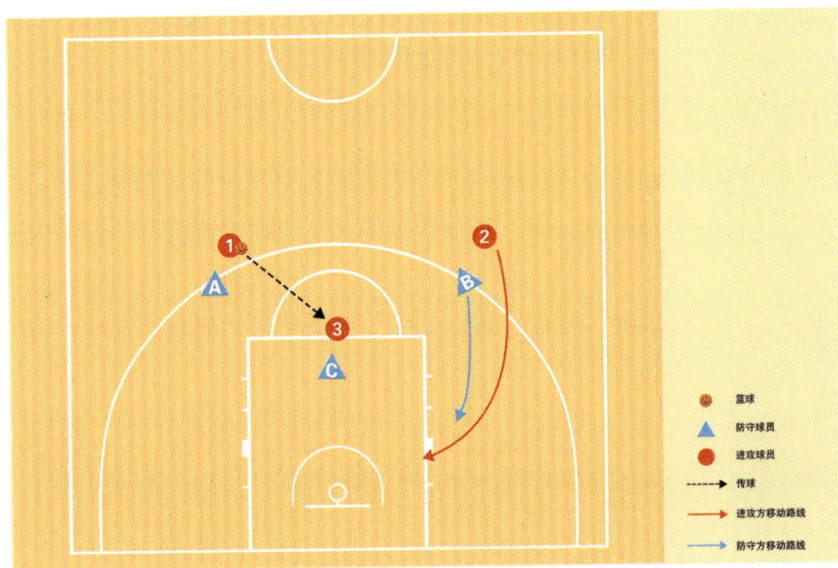

　　图 c： 持球球员 3 向后转身，迅速传球给移动到篮下的球员 2。球员 2 接到球后，伺机投篮、运球或传球。

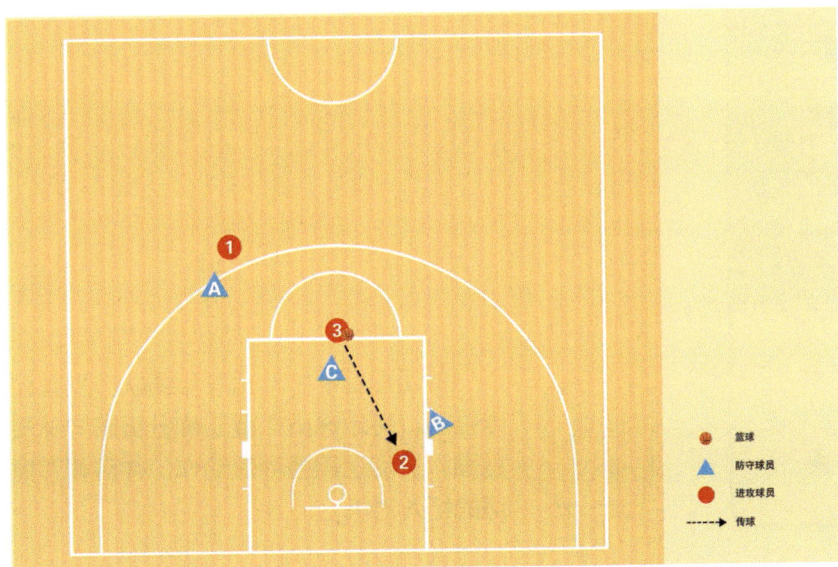

练习 6

传切配合：假动作远离篮球后前切

战术详解

持球球员将球传给队友后，可以使用假动作迷惑防守球员，为自己创造内切到篮下接回传球的机会，以甩开防守，得到进攻的机会。

图 a： 当持球球员 1 在三分线外被球员 A 严密防守时，如果贸然带球突破，那很有可能被对手拦截或抢断，这时候便可以使用传切配合战术。持球球员 1 在传球前，要先观察队友、对手以及篮筐的位置，确认可以使用传切配合战术后，再将球传给球员 2。

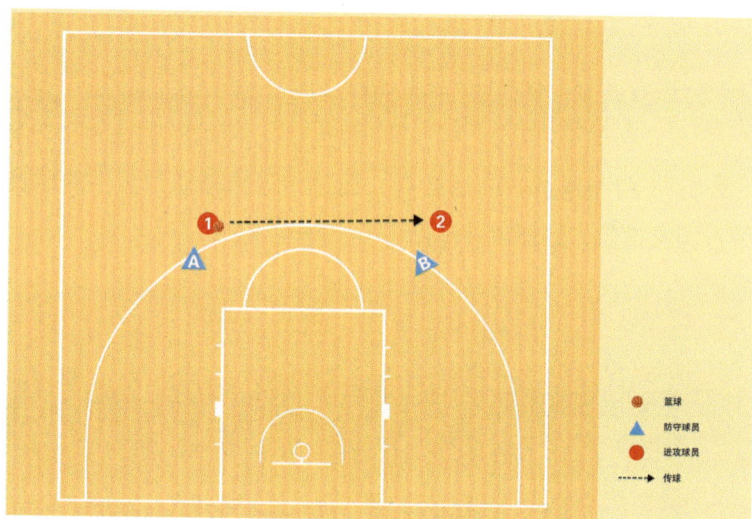

- 篮球
- 防守球员
- 进攻球员
- 传球

指导建议

传切配合战术非常考验团队的默契和协作精神，持球球员 1 要正确分析防守球员的意图，灵活运用各种假动作，并且要掌握合适的切入时机。

难度等级
★★☆

图 b：　在球员 2 接到传球后，球员 1 假意向底角方向跑一两步，远离自己打算之后接球的位置，吸引防守自己的球员 A 移动。

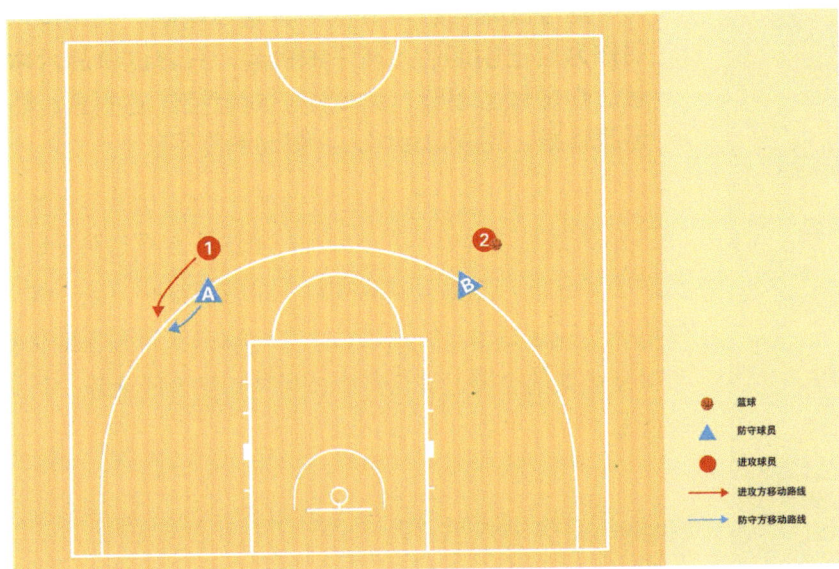

图 c：　如果防守球员 A 被假动作迷惑，跟随球员 1 防守，那球员 1 应该快速变向并向内前切到篮下，高举双手准备去接持球球员 2 的传球，然后继续传球给其他队友或者自己带球上篮。

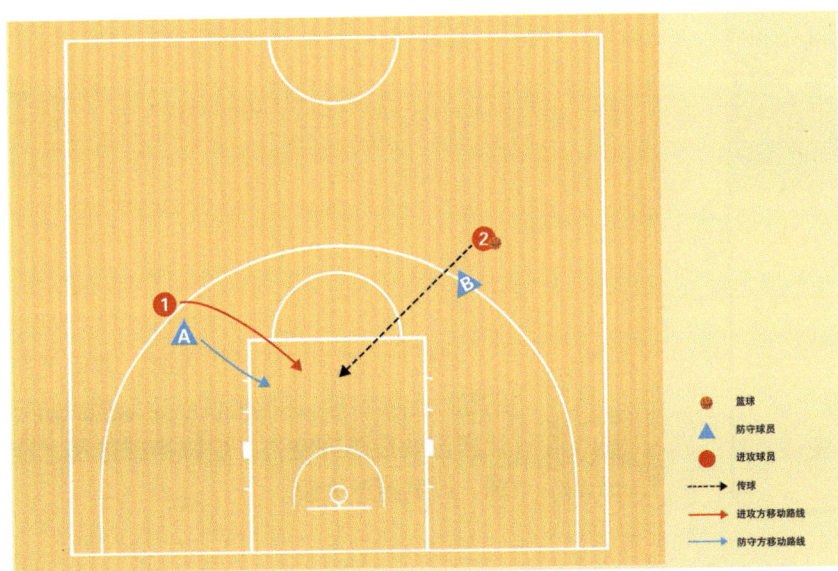

练习 7

传切配合：迎球并背后切入

难度等级
★ ★ ☆

战术详解

这个战术与练习 6 的原理基本相同，都是运用假动作为自己创造切入篮下的机会。只是这个战术中的假动作是假意追球，造成掩护或者接球的假象，然后迅速转身，完成背后切入，移动到篮下。

图 a：当持球球员 1 在三分线外被球员 A 严密防守时，如果贸然带球突破，那很有可能被对手拦截或抢断，这时候便可以使用传切配合战术。持球球员 1 在传球前，要先观察队友、对手以及篮筐的位置，确认可以使用传切配合战术后，再将球传给球员 2。

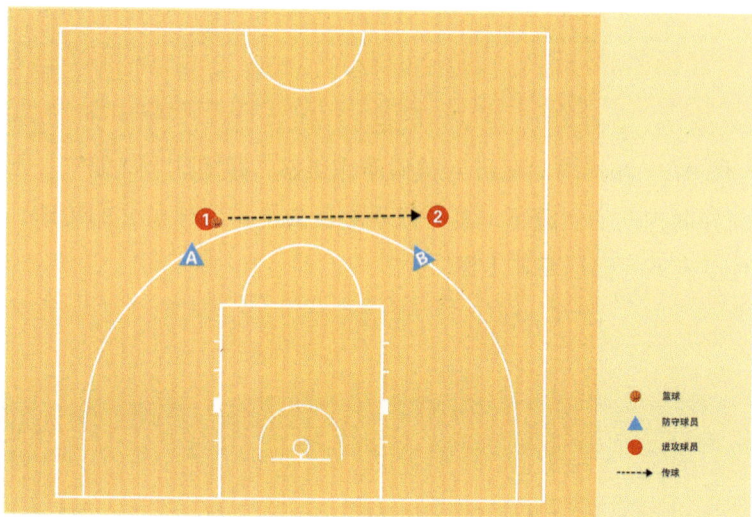

- ● 篮球
- ▲ 防守球员
- ● 进攻球员
- ----▶ 传球

指导建议　球员 1 在进行背后切入时，要保证自己的动作足够敏捷，速度要快到足以摆脱防守，让自己处在防守空位，这样持球球员才能传球，以免传球失误。

图 b：　在球员 2 接到传球后，要配合球员 1 假意向前突破。球员 1 做假动作，迎球向前跑一两步，营造出自己要上前掩护或者接球的假象。

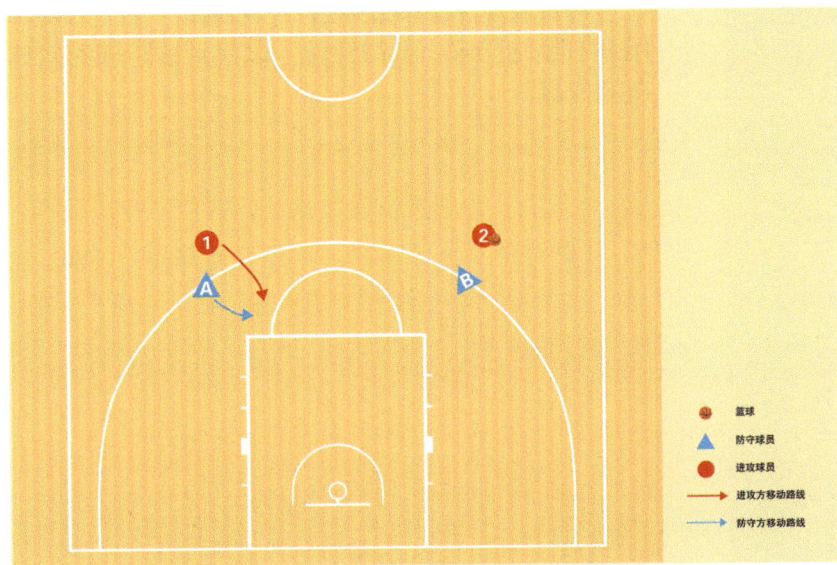

🏀	篮球
🔺	防守球员
🔴	进攻球员
→	进攻方移动路线
→	防守方移动路线

图 c：　如果防守球员 A 跟随着球员 1 移动，那球员 1 要立即转身变向，从球员 A 背后切入篮下，高举双手准备接球员 2 的传球，接球后传球给其他队友或者自己带球上篮。

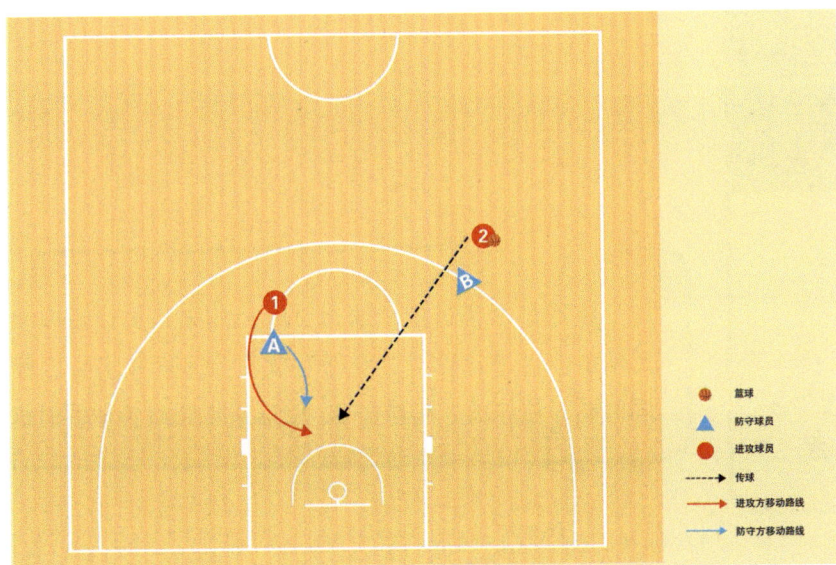

🏀	篮球
🔺	防守球员
🔴	进攻球员
‑‑>	传球
→	进攻方移动路线
→	防守方移动路线

无球掩护：掩护后切出

战术详解

两名无球球员相互配合，一人掩护，另一人切出，甩开对手的防守，寻得空位，以接到被防守的接球队友的传球。

图 a：球员 2 为球员 3 设立掩护，挡住防守球员 C 的防守路线，让防守球员无法跟防。球员 3 紧擦掩护球员 2 向外切出，到罚球线附近接到球员 1 的传球，在防守球员赶来前伺机投篮、运球或传球。

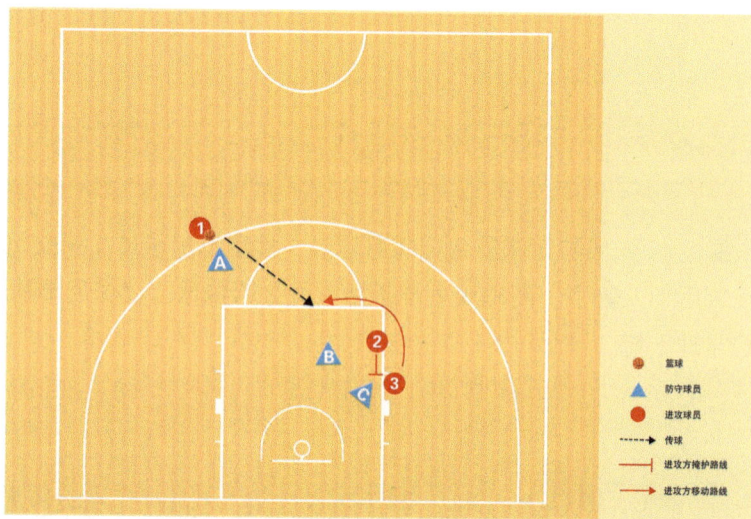

- 🏀 篮球
- 🔺 防守球员
- 🔴 进攻球员
- ----▶ 传球
- ——▶ 进攻方掩护路线
- ——▶ 进攻方移动路线

✖ 错误做法

在球员 3 绕过掩护球员 2 时，如果球员 3 没有创造足够的空间来让球员 2 获得空位，会让防守球员 C 能够同时防守住球员 2 和球员 3，使球员 1 错过传球的时机。

难度等级
★★☆

图 b：球员2完成掩护后，转身面向篮筐，迅速切入内线，占得有利位置进行卡位，准备冲抢篮板球。

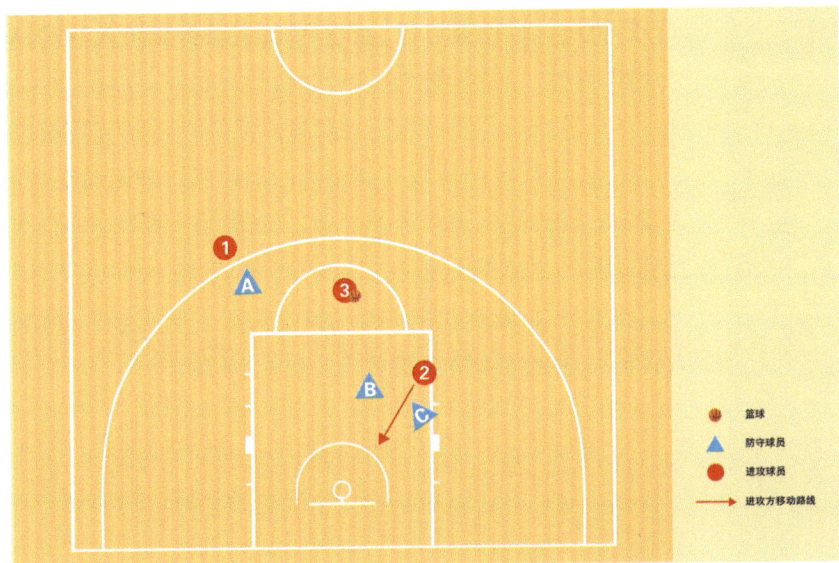

篮球
防守球员
进攻球员
进攻方移动路线

正确做法

　　球员3要保证切出距离足够远，为自己和掩护球员2创造移动所需的空间。移动速度要快，要尽量甩开防守球员，留出足够的时间来完成传球及投篮。

指导建议

　　队友之间要有足够的默契，同时集中注意力，才能保证战术成功。此外，球员3应该沉着冷静，在可能的情况下果断出手投篮，不能让对手扰乱自己节奏，那样会降低投篮准确度，也容易被对手抢断或盖帽。

无球掩护：曲线切入

难度等级
★ ★ ☆

战术详解

如果防守球员在我方球员进行掩护时想要跟在进攻球员身后继续防守，那么可以采用曲线切入的方法，摆脱防守，切入篮下。

图 a：球员 3 向篮筐方向虚晃，以迷惑防守球员 C，然后迅速变向，向外线移动。与此同时，球员 2 为球员 3 设立掩护，挡在球员 C 的防守路线上，让球员 3 可以从掩护球员 2 背后绕过，移动到罚球线附近。练习中，球员 3 要重点练习假动作切入，通过虚晃迷惑防守球员 C，获得空位机会。

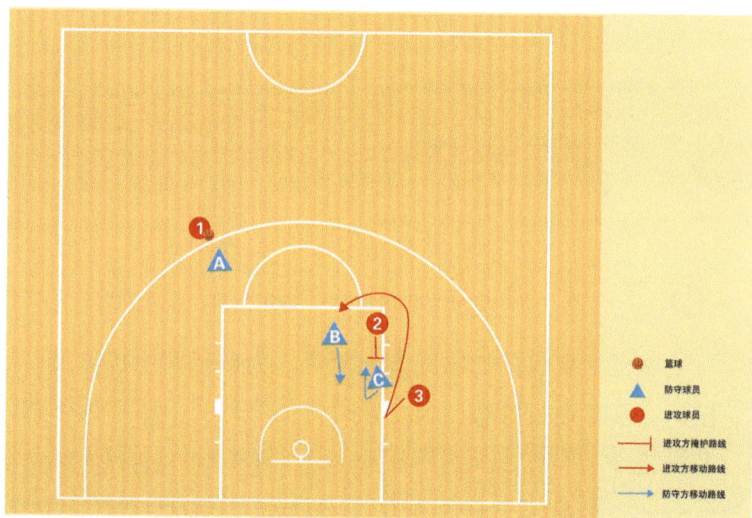

✕ 错误做法

球员 2 要在恰当的时间设立掩护，如果提前掩护，会让球员 C 有反应的时间进行贴身防守或绕过掩护；如果掩护较晚，则达不到掩护效果，无法帮助球员 3 获得空位。

图 b：　球员 3 在罚球线附近接到球员 1 的传球后，运球切入篮下展开进攻。如果球员 3 比较擅长投篮，那也可以直接在罚球线附近投篮。

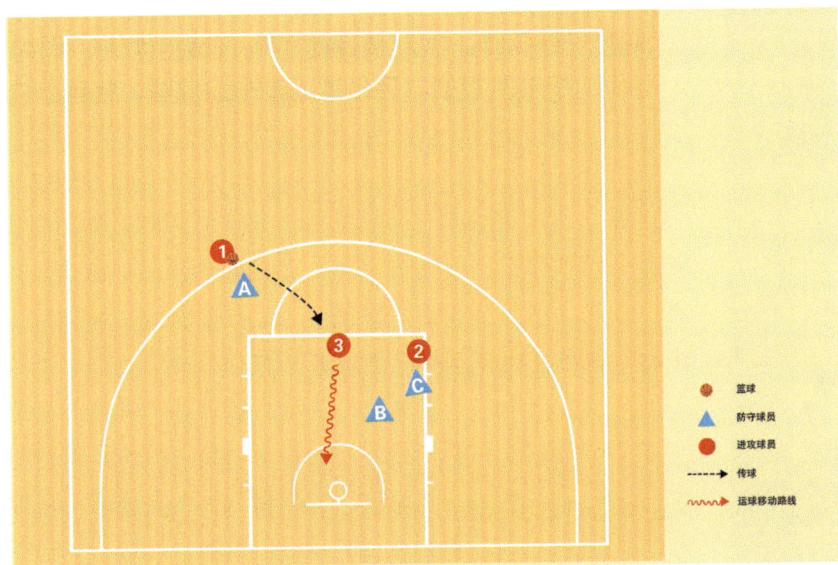

🏀	篮球
🔺	防守球员
🔴	进攻球员
‑‑‑▶	传球
∿∿▶	运球移动路线

◯ 正确做法

　　球员 3 在罚球线附近接球后，迅速观察场上情况，如果自己有足够的投篮空间，可以直接投篮；如果没有把握投篮成功，也可以突破内线，寻找投篮机会。

指导建议

　　球场上的局势瞬息万变，因此在行动前，应该分析防守球员的意图，根据他们的防守动作进行相应的行动。切忌不观察局面匆忙切入或者直接采用之前想好的切入路线，这样很容易导致战术失败。

无球掩护：背后切入

战术详解

如果防守球员预判了我方的进攻路线，那么可以先撤回外侧脚，然后快速转身执行背后切入，向内线移动，接住队友的高吊传球或者击地传球，然后上篮。

图 a：当我方球员被防守球员 1 对 1 盯防时，球员 2 可以为球员 3 设置掩护，挡住防守球员 C 的防守路线。球员 3 向外虚晃，假意从后方绕过掩护球员 2。在防守球员 C 被迷惑向外迈步后，球员 3 迅速从另一侧向篮下切入。

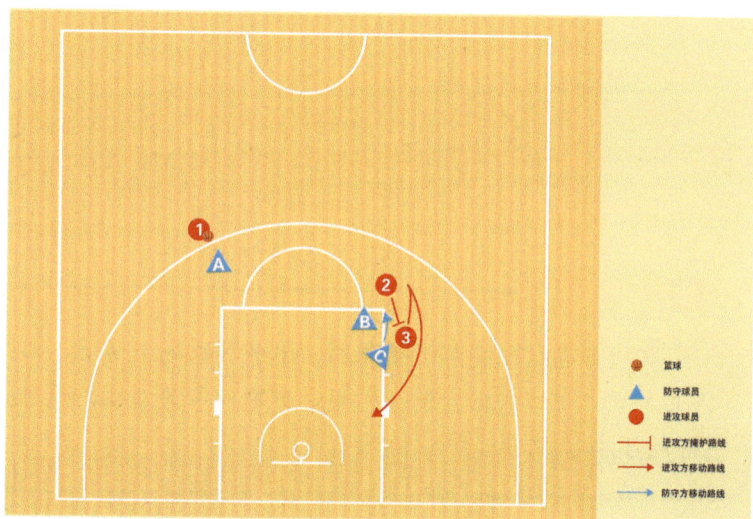

- 🔴 篮球
- 🔺 防守球员
- 🔴 进攻球员
- 进攻方掩护路线
- 进攻方移动路线
- 防守方移动路线

指导建议

球员 3 的移动速度需要足够快，并且要具有良好的心理素质。此外，要控制好重心变化和脚下变向，使动作更加快速并稳定。

难度等级
★★☆

图 b：　球员 3 举起内侧手，在内线准备接球员 1 传球，然后伺机投篮、运球或传球。同时，球员 2 向罚球线附近移动，如果防守球员 B 没有及时防守球员 2，那么球员 1 也可以传球给球员 2。

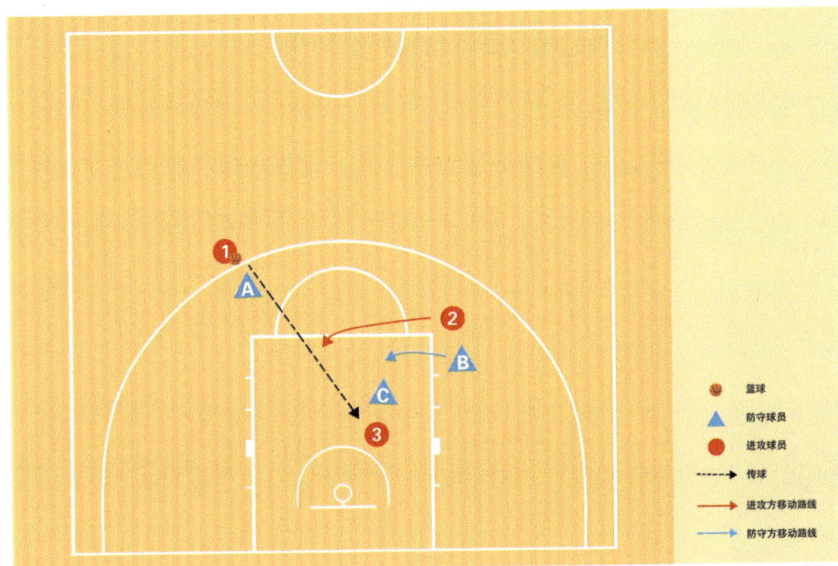

✕ 存在问题

　　如果掩护球员 2 的力量不如防守球员 C，那么球员 C 很容易突破掩护妨碍球员 3 接球。

● 解决方法

　　球员 2 在掩护时，身体要成一定的角度挡在防守球员行进方向，努力妨碍防守球员。此外，掩护球员双脚分开的距离应该足够大，同时双腿屈膝，保持重心稳定、身体平衡。

练习 11

无球掩护：向外切出

难度等级
★★☆

战术详解

如果防守球员从防守掩护球员的队友身后移动，想要抄近路提前占据我方球员原本的切入路线，那么这时我方球员可以向外线切出。

图a：当球员3为球员2设立掩护时，球员2可以先假意绕过掩护球员3，在对手被迷惑后，迅速向外线切出，甩开防守。球员2向外切出的同时，球员3要向罚球线附近跑去。

●　篮球
▲　防守球员
●　进攻球员
→　进攻方移动路线
→　防守方移动路线
┤　进攻方掩护路线

✖ 错误做法

球员2不够冷静，没有分析出防守球员抄近路的真正意图，导致无法获得足够的空位，从而不能找出摆脱防守的路线。

图 b：跑到外线的球员 2 接到持球球员 1 的传球，利用防守时间差伺机投篮、运球或传球。此外，如果防守球员 B 没有追上球员 3，等球员 3 到达罚球线附近，球员 1 也可以将球传给他，球员 3 抓住机会伺机投篮、运球或传球。

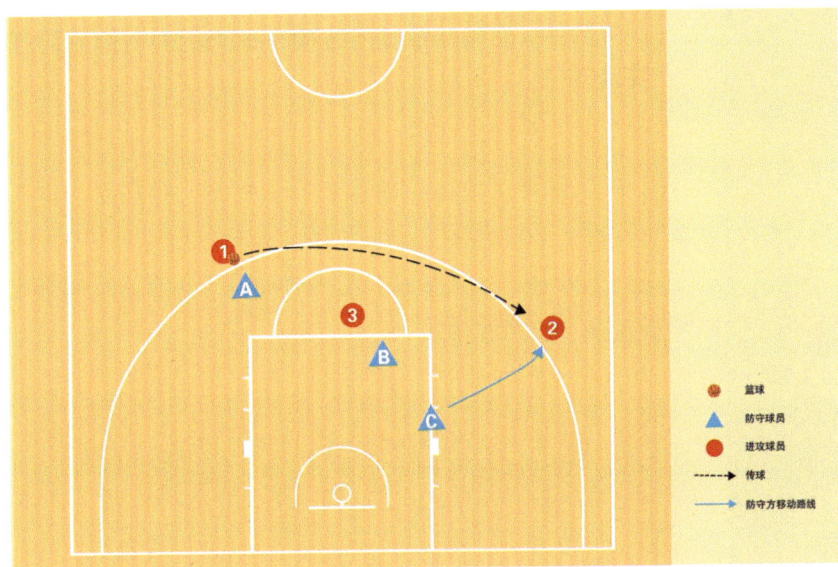

篮球
防守球员
进攻球员
传球
防守方移动路线

⭕ 正确做法

看见防守球员抄近路时，保持思路清晰，分析防守球员的意图，然后向外切出，突破防守。

指导建议　　球员要练习提高假动作的真实程度，并且掌握好向外切出的时机。持球队员也要集中注意力，观察全场局势，抓住机会果断传球。

有球掩护：挡拆配合

战术详解

挡拆配合战术中，持球球员可以在队友的掩护下突破防守。掩护球员应该在防守持球球员的对手内侧设立掩护，而持球球员应在掩护球员的外侧擦肩而过，突破防守。

图 a：球员 1 为持球球员 2 设立掩护，挡在防守球员 B 的防守路线上，在掩护完全设立后，球员 2 绕过掩护向罚球线或弧顶附近移动，然后运球拉开与防守球员的距离，获得更多的空间投篮、运球或传球。

- 🔴 篮球
- 🔺 防守球员
- 🔴 进攻球员
- ▬ 进攻方掩护路线
- → 防守方移动路线
- 〜〜〜 运球移动路线

✕ 错误做法

在掩护没有完全设立前，持球球员便开始运球通过掩护。这样不仅会让防守球员越过掩护，对持球球员进行防守，持球球员还容易与掩护球员相撞，造成运球失误。

难度等级
★ ★ ☆

图 b： 球员 1 完成掩护后，迅速以内侧脚（离篮筐较近的那只脚）为中枢脚向后转身，切入篮下。球员 2 利用防守空隙，向切入篮下的球员 1 传球，球员 1 接到传球后伺机投篮、运球或传球。

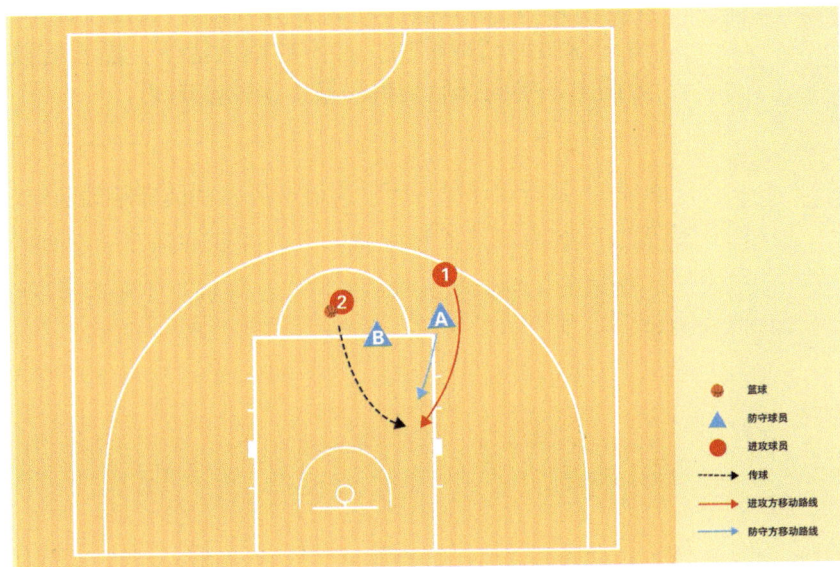

🏀	篮球
🔺	防守球员
🔴	进攻球员
┄┄►	传球
──►	进攻方移动路线
──►	防守方移动路线

⭕ 正确做法

　　持球球员要耐心等待掩护完全设立，并尝试预测防守球员的下一步动作。待掩护完全设立后，贴近掩护球员的外侧肩膀，运球绕过。

指导建议

　　使用挡拆配合战术时，当防守球员尝试绕过掩护球员时，两人容易发生冲撞，掩护球员容易出于阻挡目的出现犯规的情况。所以，掩护球员要特别注意这一点，不要给对手可乘之机。

练习 13

有球掩护：挡投

战术详解

如果防守持球球员的对手后撤，让另一名防守球员进行防守，那我方可以使用挡投战术。在挡投战术中，掩护球员完成掩护后，并不能切入篮下，而是应该向外切出，接到球后伺机投篮、运球或传球。

图 a：当持球球员 1 无法突破球员 A 的防守移动到篮下时，球员 2 可以为球员 1 设立掩护，挡在防守球员 A 的防守路线上，给球员 1 创造机会摆脱防守，让球员 1 能够运球到罚球线附近。

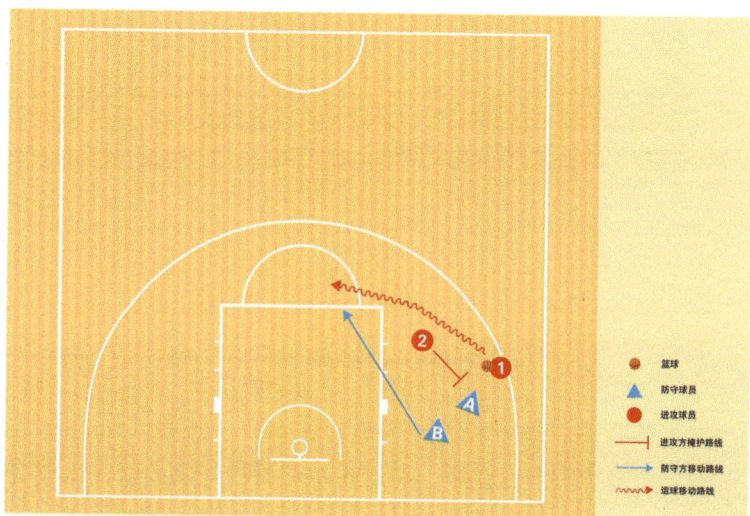

篮球
防守球员
进攻球员
进攻方掩护路线
防守方移动路线
运球移动路线

✕ 错误做法

在越过掩护球员时，持球球员的运球速度较慢或者移动的距离不够远，使得一名防守球员可以同时防守运球球员和掩护球员。

难度等级
★ ★ ☆

图 b：　当球员 1 顺利运球到罚球线附近后，掩护球员 2 迅速向外切出，接到球员 1 的传球，准备投篮。

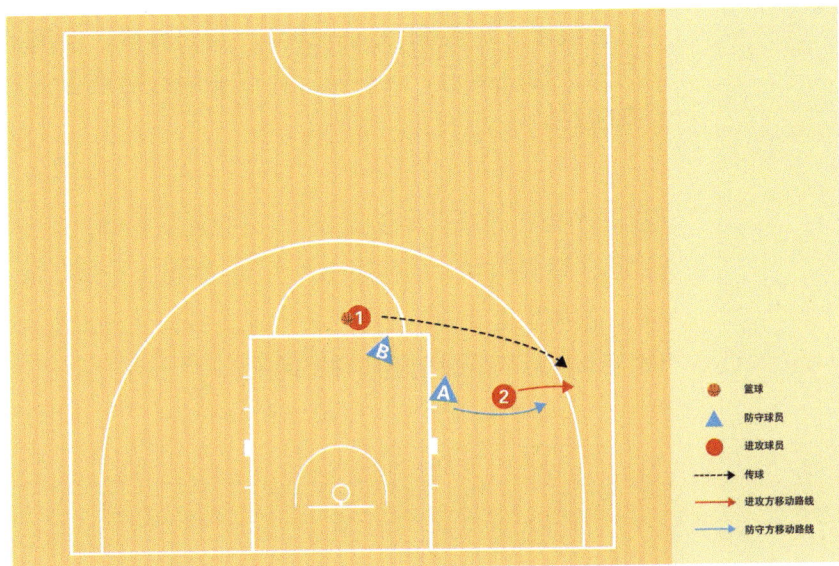

🏀	篮球
🔺	防守球员
🔴	进攻球员
⇢	传球
→	进攻方移动路线
→	防守方移动路线

⭕ **正确做法**

　　持球球员在越过掩护后，多次运球以获得足够的空间，根据场上情况，伺机投篮、运球或传球。

指导建议　　要注意，持球球员要充分吸引防守球员的注意力，应由投射能力较强或突破能力较强的球员来持球，以提高挡投战术的成功率。

练习 14

有球掩护：假挡真拆

战术详解

如果防守持球球员的对手察觉到我方要使用挡拆配合战术，想要强行向外迈步，突破掩护，使掩护球员无法挡住自己，这时我方可以使用假挡真拆的方法来应对。

图 a：　当持球球员 1 仅凭自己无法摆脱防守时，球员 2 可以为球员 1 设立掩护，挡住防守球员 A，球员 1 运球从后方绕过掩护，假意投篮或传球，吸引防守球员 B 向外迈步进行防守，为球员 2 之后的进攻创造防守时间差。

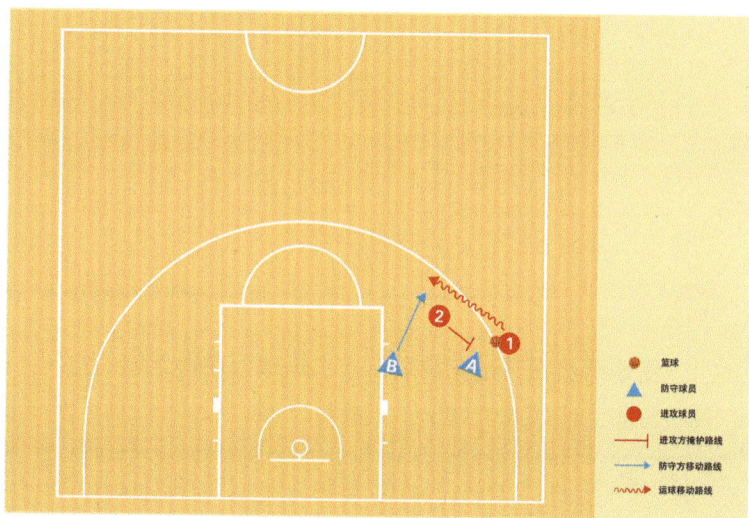

- 🏀 篮球
- 🔺 防守球员
- 🔴 进攻球员
- ── 进攻方掩护路线
- ── 防守方移动路线
- ∿∿ 运球移动路线

✕ 错误做法

如果掩护球员在赛场上不够冷静，没有分析出防守球员的真正意图，在防守球员向外迈步之前就执行假挡真拆的动作，就会让对手看出破绽，过来进行防守。

难度等级
★ ★ ☆

图 b：　球员2在完成掩护后，迅速向内线切入篮下，接到球员1的传球后伺机投篮、运球或传球。球员1在传球时，可以根据对手的防守特点，灵活使用击地传球或高抛球来提高传球成功率。

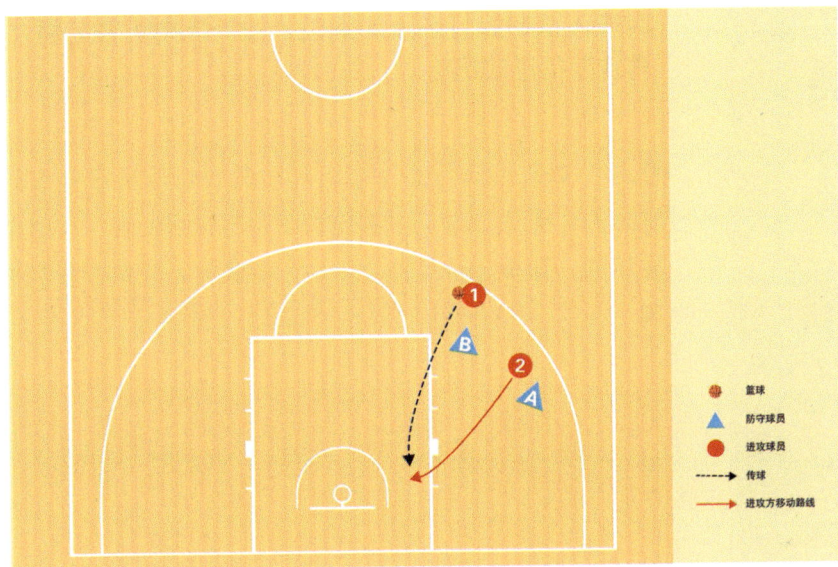

- 🏀 篮球
- 🔺 防守球员
- 🔴 进攻球员
- ·····▶ 传球
- ──▶ 进攻方移动路线

⭕ 正确做法

　　等防守球员 B 向外迈步，失去防守位置后，掩护球员再执行假挡真拆、切入篮下的动作。

指导建议

　　持球球员运球要迅速，尽量甩开防守球员拉开空位；此外要尽量避免不必要的运球，把握好传球的时机果断传球，不给对手反击的机会。

练习 15

有球掩护：拉长包夹防守范围

在为持球球员设立掩护时，如果持球球员仍被两名防守球员包夹，试图破解我方的挡拆配合战术，这时应该及时改变场上的站位，拉长包夹防守范围，以再次获得进攻优势。

图 a： 如果持球球员 1 被防守球员 A 与球员 B 包夹防守，使得球员 1 无法在球员 2 的掩护下进行挡拆配合，这时便应该改变策略，球员 2 继续设立掩护，而球员 1 趁机拉长包夹防守范围。

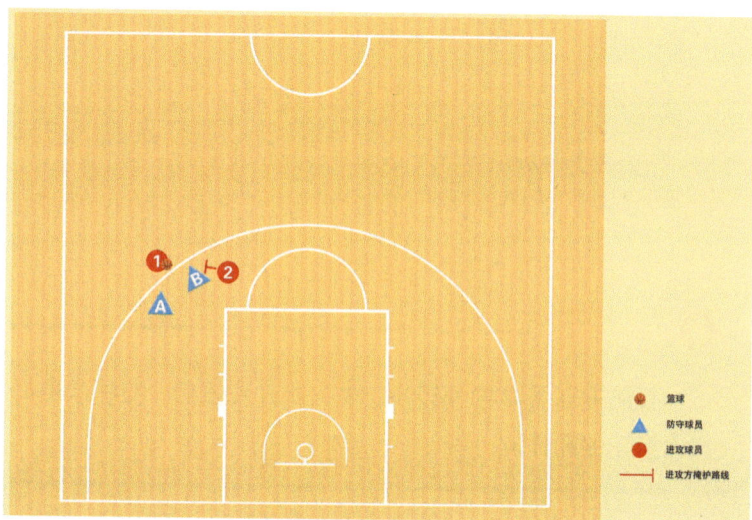

- 🔴 篮球
- 🔺 防守球员
- 🔴 进攻球员
- ⊢━ 进攻方掩护路线

指导建议

持球球员 1 向后运球时，运球动作要连贯、迅速，保证自己至少向后连续运两次球，把和两名防守球员的距离拉提足够大，方便之后向球员 2 传球。

难度等级

★★☆

图 b：　在球员 2 的掩护完全设立后，持球球员 1 至少连续向后运两次球，扩大与两名防守球员之间的距离。球员 2 完成掩护后，向内线跑去，寻找空位，两手举起准备接球。

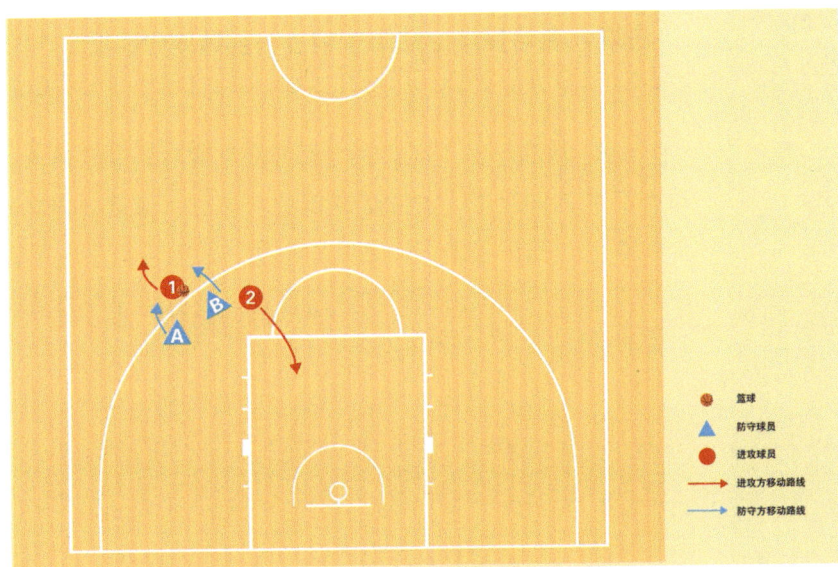

🏀	篮球
🔺	防守球员
🔴	进攻球员
→	进攻方移动路线
→	防守方移动路线

图 c：　持球球员 1 通过高吊球将球传给球员 2，球员 2 接到球后，伺机投篮、上篮或传球给处在空位的队友。

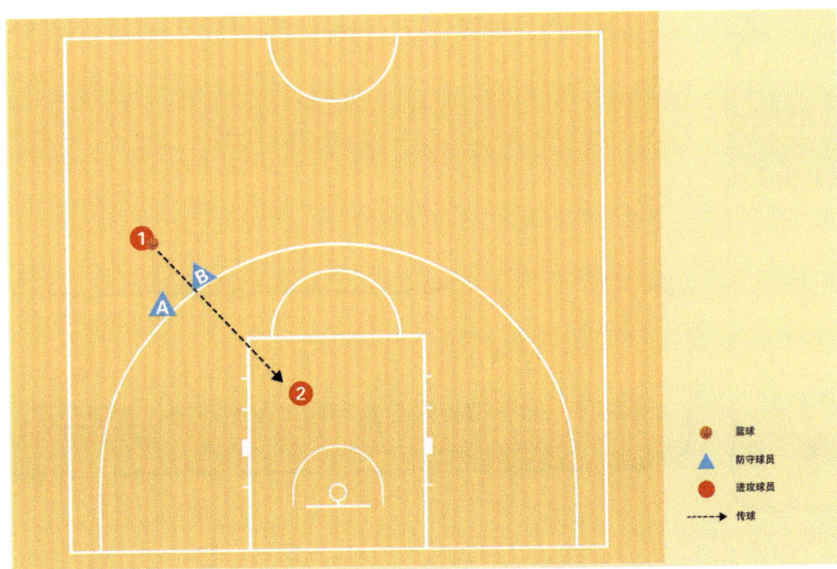

🏀	篮球
🔺	防守球员
🔴	进攻球员
--→	传球

练习 16

运球掩护和迂回进攻：投篮、突破或者继续迂回进攻

战术详解

在球场上，除了未持球球员可以做掩护，持球球员也可以为未持球球员做掩护，通过运球掩护和迂回进攻，来寻找场上的防守空位，创造得分机会。

图 a：持球球员 1 在罚球线附近侧身背对防守球员 A，面向球员 2 的方向运球，设立运球掩护。这时，球员 2 应向球员 1 外侧靠近，缩短与球员 1 之间的距离，两人进行手递手传球。球员 1 在掩护完成后迅速向外线移动，吸引防守并为接球球员 2 让出空位。

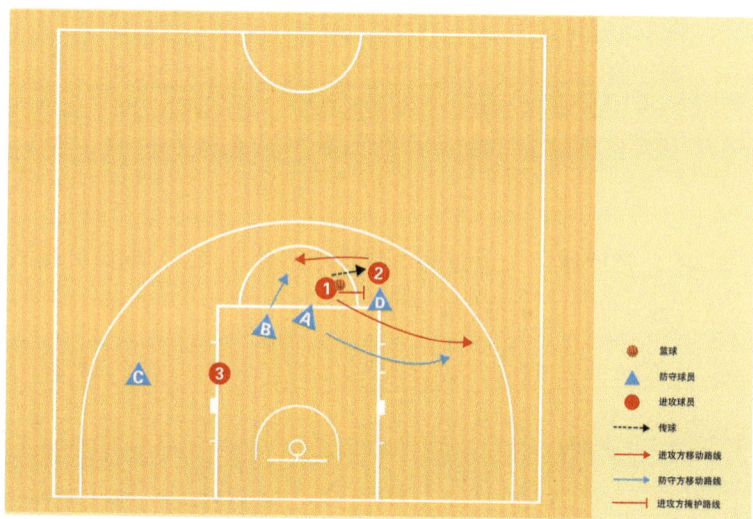

🏀	篮球
🔺	防守球员
🔴	进攻球员
⚫--▸	传球
→	进攻方移动路线
→	防守方移动路线
→	进攻方掩护路线

✕ 错误做法

持球球员 1 向接球球员 2 方向运球，试图设立运球掩护时，没有把握好距离，两人发生碰撞，造成失误。

难度等级
★★☆

图b：球员 2 接到传球后，根据场上局面，选择直接投篮或突破防守运球到篮下。如果没有进攻机会，也可以继续和队友执行迂回进攻，直到有队友获得空位机会，进行投篮或者突破防守带球上篮。

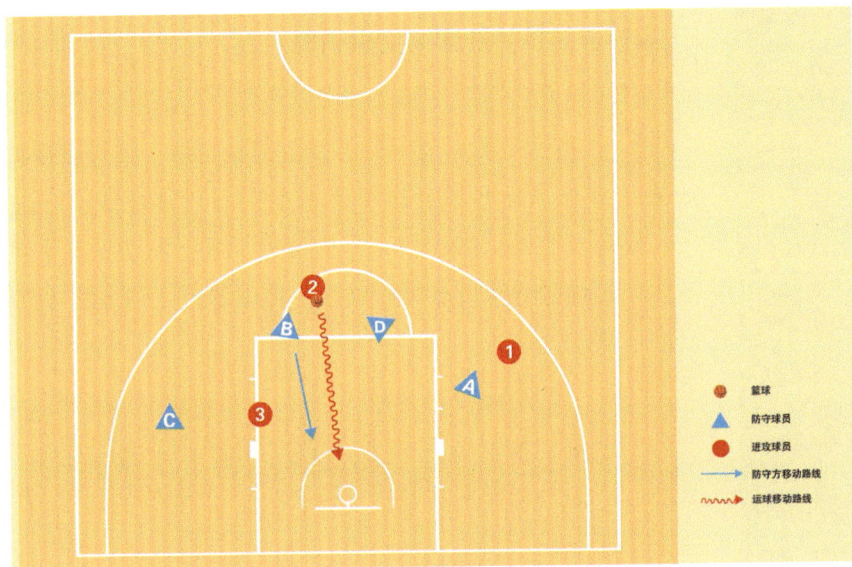

- ● 篮球
- ▲ 防守球员
- ● 进攻球员
- → 防守方移动路线
- ∿ 运球移动路线

⭕ 正确做法

如果想要防止持球球员 1 和接球球员 2 发生碰撞，球员 1 要向球员 2 的内侧运球，而球员 2 应该切向球员 1 的外侧。

指导建议

运球掩护和迂回进攻战术十分灵活，如果想通过它创造更多得分机会，要不断积累相关经验，并且学会分析对手的防守意图，根据场上情况适时做出正确的选择。切忌自乱阵脚，给对手可乘之机。

运球掩护和迂回进攻：假动作手递手传球

战术详解

防守球员可能会使用跳步抢前换防的方法来打乱我方的迂回进攻，在这种情况下我方可以使用假动作手递手传球的战术来突破防守。

图 a： 持球球员 1 为球员 2 设立运球掩护，执行迂回进攻，如果防守球员 B 想要通过跳步抢前换防对接球球员 2 进行防守，那球员 2 可以向球员 1 外侧接近，进行假动作接手递手传球，以挡住防守球员 B 的视线，为持球球员 1 创造防守空位。

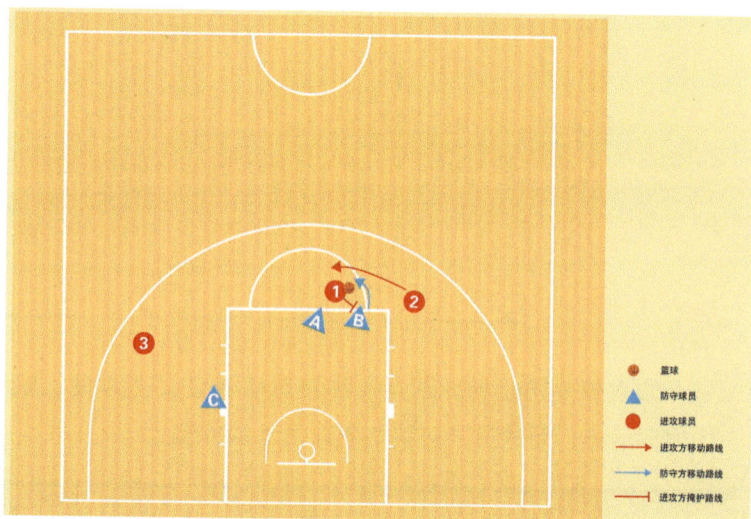

- 篮球
- 防守球员
- 进攻球员
- 进攻方移动路线
- 防守方移动路线
- 进攻方掩护路线

✕ 错误做法

持球球员 1 设立运球掩护时，没有观察周围的状况，假装传球时被防守球员断球，使我方失去控球权，同时也很有可能导致球员 2 撞人犯规。

难度等级
★ ★ ☆

图 b：　执行完假动作接手递手传球后，持球球员 1 趁防守球员 B 的注意力被球员 2 吸引时，迅速以靠近篮筐的脚为中枢脚转身，向内线突破。

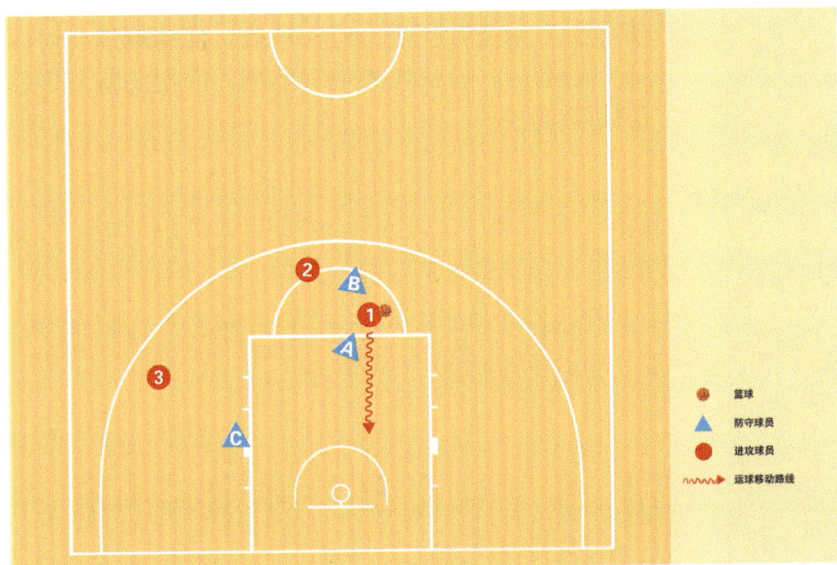

🏀	篮球
🔺	防守球员
🔴	进攻球员
〰️➡️	运球移动路线

⭕ 正确做法

　　持球球员预判了防守球员会抢先防守，这样很有可能发生冲撞，于是执行假动作手递手传球时，可以双腿分开屈膝，防止对手的冲撞让自己失去平衡。

指导建议

　　持球球员进行假动作手递手传球时，要确定防守球员 B 被假动作迷惑并且确定其无法对自己进行防守后，立即转身向内线突破。

练习 18

运球掩护和迁回进攻：拉长包夹防守范围

战术详解

　　如果执行手递手传球的球员被两名防守球员包夹，使得我方无法顺利进行迁回进攻，那持球球员可以选择向后运球，拉长包夹防守范围，以便向队友传球，破解包夹防守。

　　图 a：　持球球员 1 向球员 2 内侧运球设立运球掩护，开始迁回进攻，球员 2 移动到球员 1 外侧，两人进行手递手传球。此时，防守球员 B 越过球员 1 与球员 A 对球员 2 进行包夹，使我方无法完成迁回进攻。

- ● 篮球
- ▲ 防守球员
- ● 进攻球员
- ┈┈▶ 传球
- ──▶ 进攻方移动路线
- ──▶ 防守方移动路线
- ──┤ 进攻方掩护路线

指导建议　　球员 2 完成手递手接球后，连续后退运球，运球时要保证身体稳定，动作连贯并迅速，并且要护住篮球，不要被防守球员抢球。

图 b： 为了突破防守，持球球员 2 应向三分线外后退运球，扩大与两名防守球员之间的距离。当防守球员跟着球员 2 向外跟防后，球员 1 迅速向内线跑去，寻找空位，两手举起准备接球。

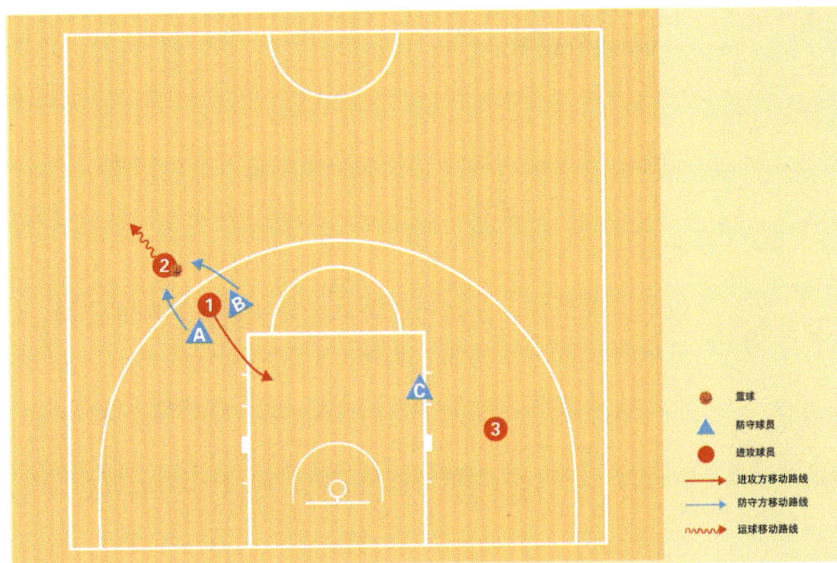

图 c： 持球球员 2 通过高吊球将球传给球员 1，球员 1 接到传球后，伺机投篮、上篮或传球给处在空位的队友。

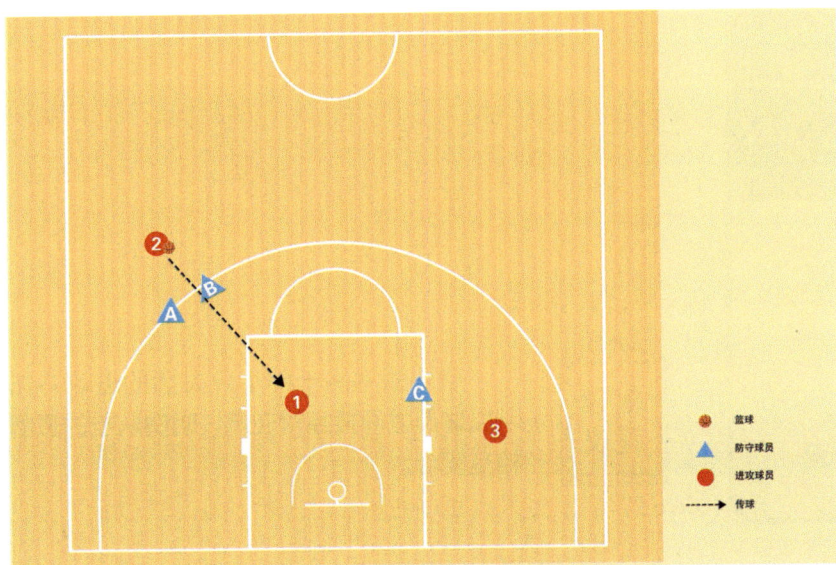

练习 19

挡切战术的站位

难度等级
★ ★ ☆

战术详解

挡切战术是一种破解人盯人防守的进攻方法，在比赛中经常被使用。球队中的每名球员都需要熟练掌握这个战术。

图 a：3-2 站位（也称为分散站位）是执行挡切战术时常见的站位之一。其中，三名球员位于三分线外，球员 2 与球员 3 分别站在侧翼，持球球员 1 站在弧顶的正前方；另外两名球员位于底线低位，分别站在每侧底角和篮筐的中间位置。注意，五名球员要分布均匀。此外，3-2 站位只是一个初始站位，之后可以根据对手特点和场上局势，进行各种战术变化。

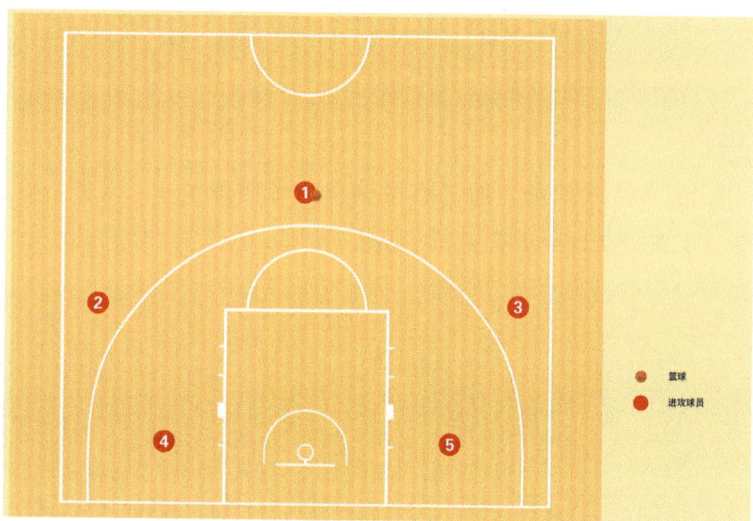

● 篮球
● 进攻球员

指导建议

挡切战术是一种十分灵活的进攻方法，所以球员之间要经常交流，明白队友的意图并相互配合。

图 b： 当持球球员 1 位于弧顶附近，这时侧翼球员 2（或者球员 3）离球最近。球员 2（或者球员 3）应该切入篮下，为底线球员 4（或者球员 5）留出空位，使他可以移动到侧翼去接持球球员 1 的传球，然后伺机投篮、运球或传球。

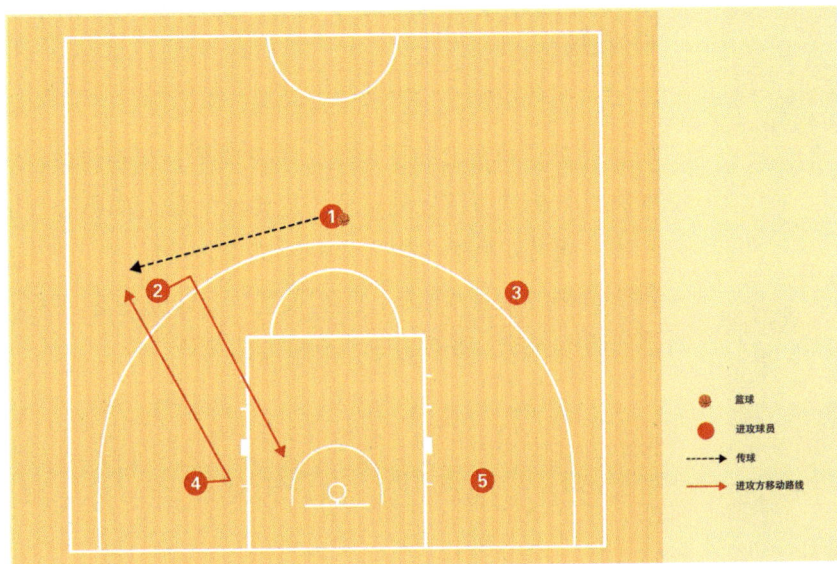

篮球	
进攻球员	
传球	
进攻方移动路线	

图 c： 如果持球球员 1 无法将球传给侧翼球员时，球员 1 可以向侧翼运球，为球员 2 设立运球掩护，手递手传球后，向篮下切入。

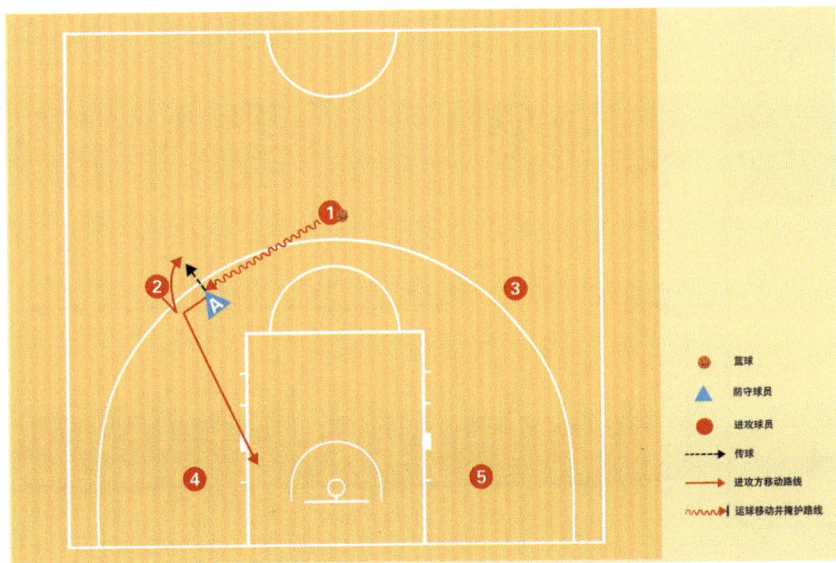

篮球	
防守球员	
进攻球员	
传球	
进攻方移动路线	
运球移动并掩护路线	

练习 20

挡切战术：背后切入

战术详解

如果对手严密盯防，无法接到队友的传球，那想要接球的球员可以通过背后切入的方法，摆脱防守，切入篮下。

图 a：如果球员 2 位于侧翼，防守球员 B 挡在传球路线上，使得球员 2 无法直接接到球员 1 的传球，那么球员 2 可以向前迈一步，通过背后切入的方法摆脱球员 B 的防守，切入篮下，接到持球球员 1 的传球后，伺机投篮、运球或传球。球员 4、5 向三分线外移动，吸引防守，给球员 2 拉开空位。

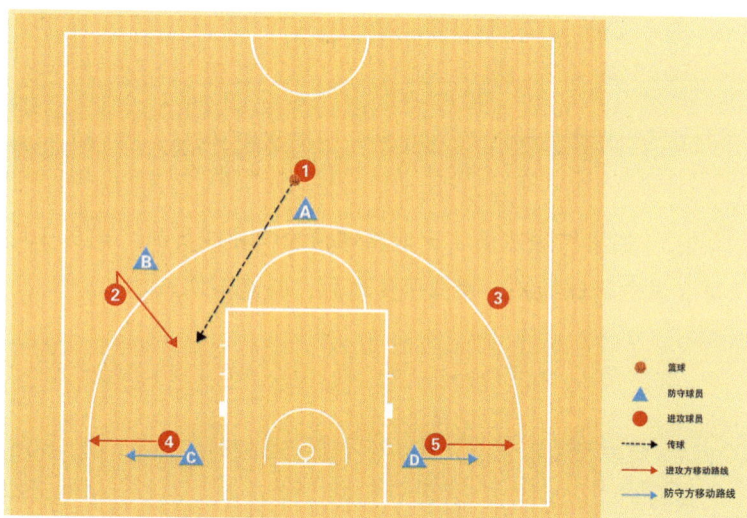

● 篮球
▲ 防守球员
● 进攻球员
---- 传球
→ 进攻方移动路线
→ 防守方移动路线

✕ 错误做法

背后切入时，如果切入的弧度过小，会使防守球员能够跟上切入球员进行防守，传球也很容易被抢断。

难度等级
★ ★ ☆

图 b：如果接球球员 1 位于弧顶附近，防守球员 A 挡在传球路线上，使得球员 1 无法直接接到球员 2 的传球，那么球员 1 可以向后撤一步，通过背后切入的方法摆脱球员 A 的防守，切入篮下，接到持球球员 2 的传球后，伺机投篮、运球或传球。球员 4、5 向三分线外移动，吸引防守，给队友拉开空位。

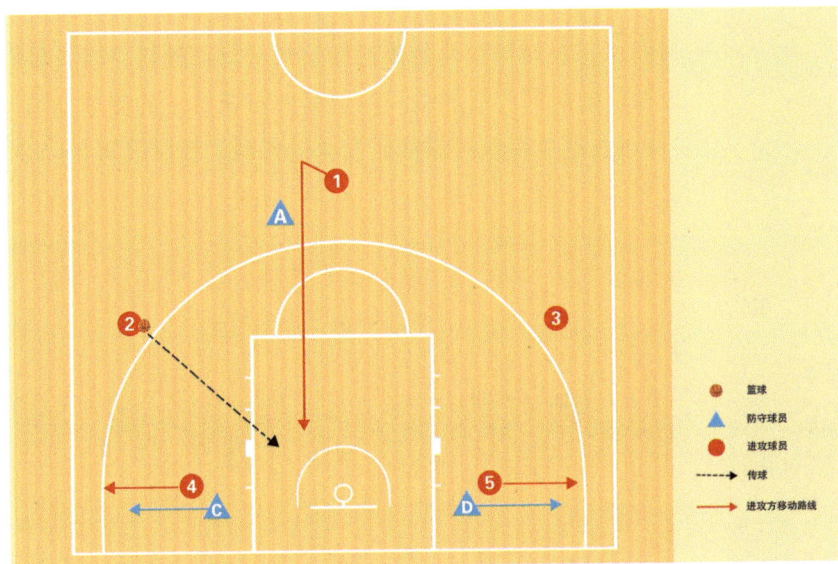

🔴 **正确做法**

　　背后切入时，要保证切入的弧度较大，并且让防守球员跟随自己移动，这样才能成功甩开防守，不被轻易追上。

指导建议　　球员要时刻保持精神集中，注意队友以及篮球的位置，在被防守球员严密盯防并且被阻断传球路线时，及时进行背后切入，打破场上僵局，让我方的挡切战术可以顺利实施。

练习 21

挡切战术：闪切

战术详解

当进攻球员之间的传球被防守球员拦截时，第三位进攻球员可以用闪切战术来打破僵局。

图 a： 持球球员 1 与未持球球员 2 之间被防守球员 B 阻隔，此时球员 4 可以从低位闪切至高位接球员 1 的传球，同时球员 2 切入投篮中距离区域接球员 4 的传球，而后投篮。

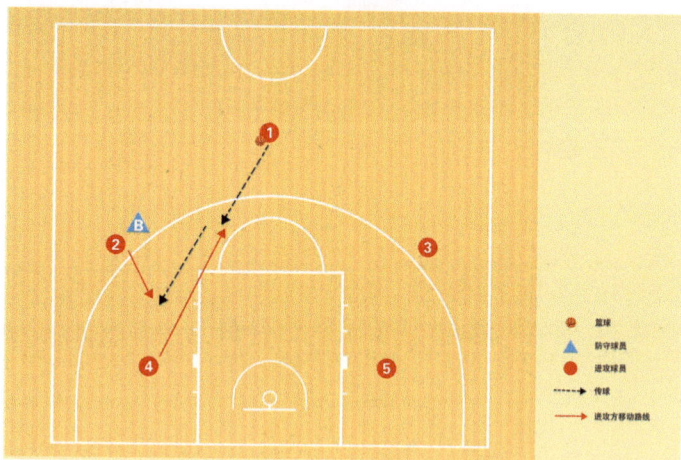

图 b： 持球球员 2 与未持球球员 4 之间被防守球员 D 阻隔，此时球员 5 可以从低位闪切至对侧高位接球员 2 的传球，同时球员 4 切入篮下接球员 5 的传球并伺机投篮。

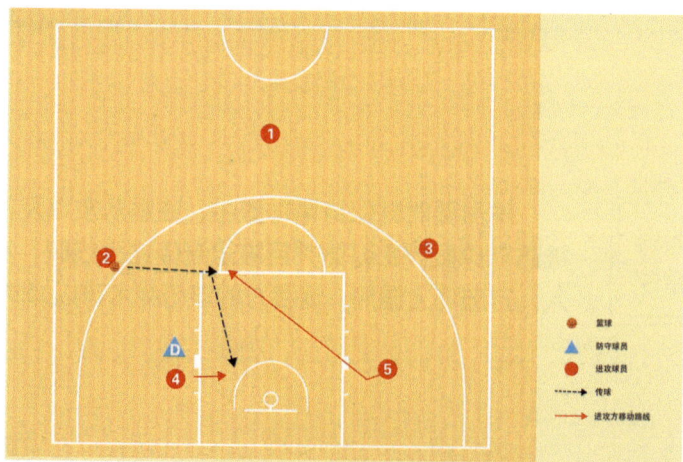

难度等级
★ ★ ☆

图 c： 持球球员 2 与未持球球员 4 之间被防守球员 D 阻隔，此时球员 5 可以从一侧低位闪切至另一侧低位接球员 2 的传球，同时球员 4 切入篮下接球员 5 的传球并伺机投篮。

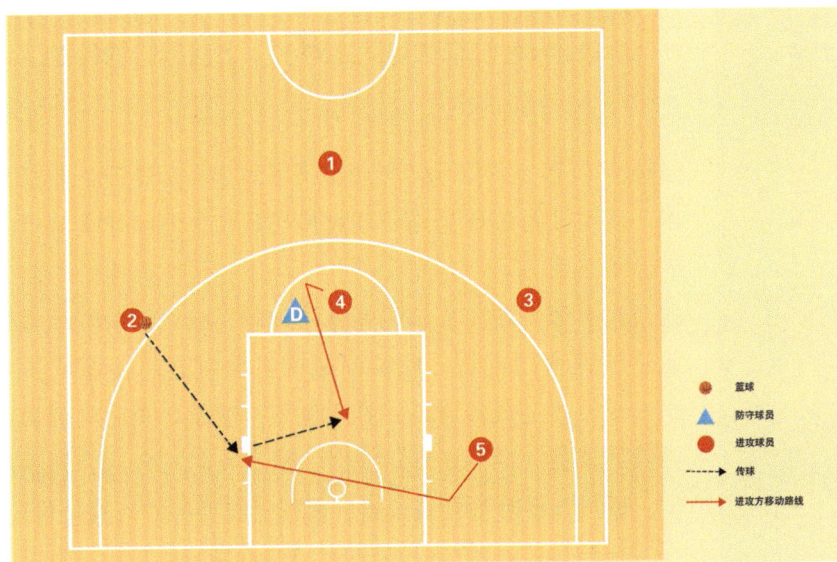

篮球
防守球员
进攻球员
传球
进攻方移动路线

✕ 错误做法

当对手采取压迫式防守时，正面对抗并不是好的战术，因为这会使进攻空间更小，使我方丧失接球和传球的机会。

⭕ 正确做法

对手盯防十分紧密时不要试图直接传接球，可以通过闪切战术、背后切入或其他方式接近篮下，接球后投篮。

指导建议

闪切战术的重点在于出其不意、攻其不备，是非直接传、接球的球员通过突然跑位来帮助转运球的战术，需要球员密切关注场上形势，发现机会时便主动闪切。

挡切战术：传切配合

战术详解

传切配合是基本的进攻战术之一。持球球员可以将球传给队友后找机会切入篮下，球员相互配合，通过传球与跑位来达到迷惑对手、上篮得分的目的。

图 a：该练习展示的是需要五名球员一起执行的传切配合战术，旨在让每名球员深刻理解传切配合（两名球员进行的传切配合可参考练习 6 与练习 7）。球员 2 朝远离球的方向（或球的方向）迈一两步，旨在迷惑防守球员随自己的假动作移动，然后快速变向前切，以接到站在弧顶附近的持球球员 1 的传球。球员 1 完成传球后，切入篮下，球员 3 同时向弧顶移动，并接到球员 2 的回传球。此时，球员 4 向三分线外移动拉开空位。球员 5 要补到侧翼位置，而球员 1 要补到底线低位。

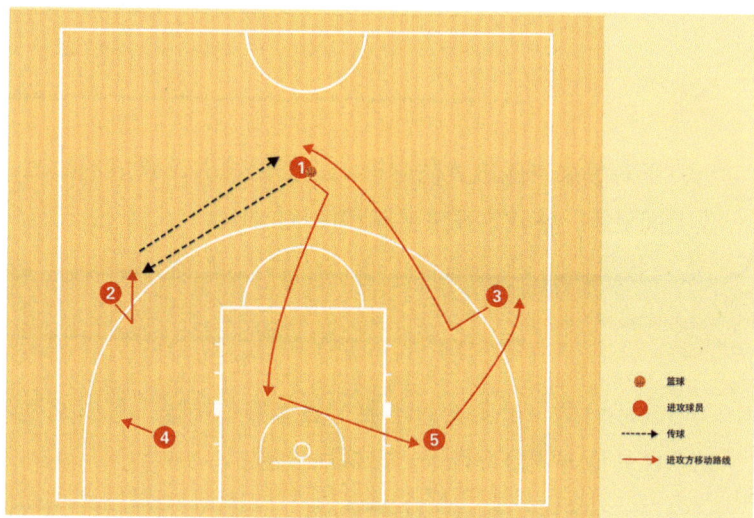

难度等级
★ ★ ★

图 b： 球员 3 接到传球后，球员 5 使用假动作远离篮球后前切（也可以使用迎球并背后切入），然后持球球员 3 将球传给球员 5。球员 3 完成传球后，快速前切到篮下，与此同时，球员 1 向三分线外移动拉开空位。球员 2 向弧顶移动，快速占据弧顶位置并接球员 5 的回传球。球员 4 要补到侧翼位置，而球员 3 到达篮下后，再补到底线低位，这便完成一次练习。每名球员应在每次练习中扮演不同角色，以让所有球员都熟练掌握传切配合战术，让传切配合战术在比赛中发挥最大作用。

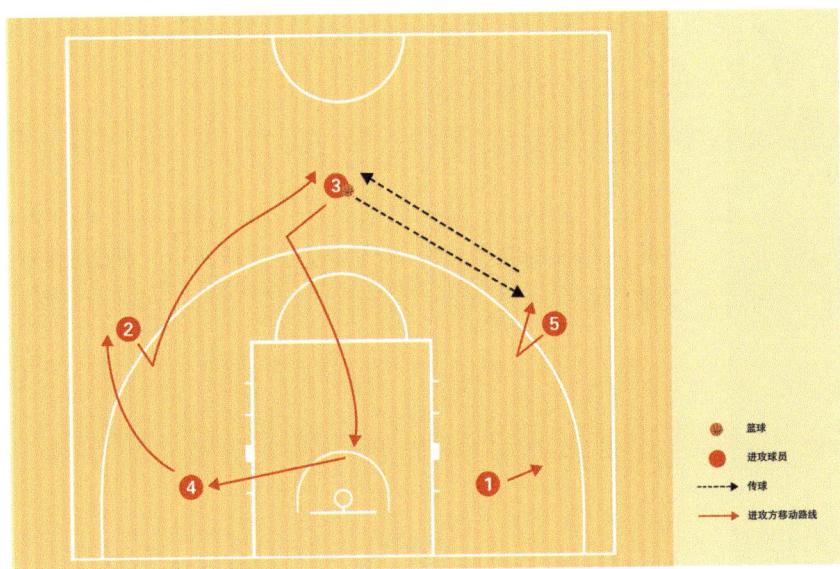

- 篮球
- 进攻球员
- 传球
- 进攻方移动路线

指导建议

传切配合中重要的是接球球员切入的时机，要在防守球员失去防守位置后再切入，防止传球被防守球员拦截。此外，球员间的默契也必不可少，球员在场上除了要观察篮球、对手以及篮筐的位置，还要时刻注意队友的动向，及时补位，避免场上出现空位。

挡切战术：运球掩护或迂回进攻

战术详解

迂回进攻中经常会运球掩护，以创造投篮或突破上篮的机会。简单的迂回战术需要三名球员配合，由持球球员依次设立运球掩护，接球球员利用掩护投篮、上篮或者向另外一名队友运球掩护和手递手传球来继续迂回进攻。可以一直迂回进攻，直到找到空位投篮或者突破上篮的机会。

◎ 三人战术配合

图 a：迂回进攻一般以运球掩护并与队友进行手递手传球为开始。持球球员 1 朝侧翼运球，球员 2 通过背后切入绕过防守球员，然后由球员 1 为球员 2 设立运球掩护，两人进行手递手传球。

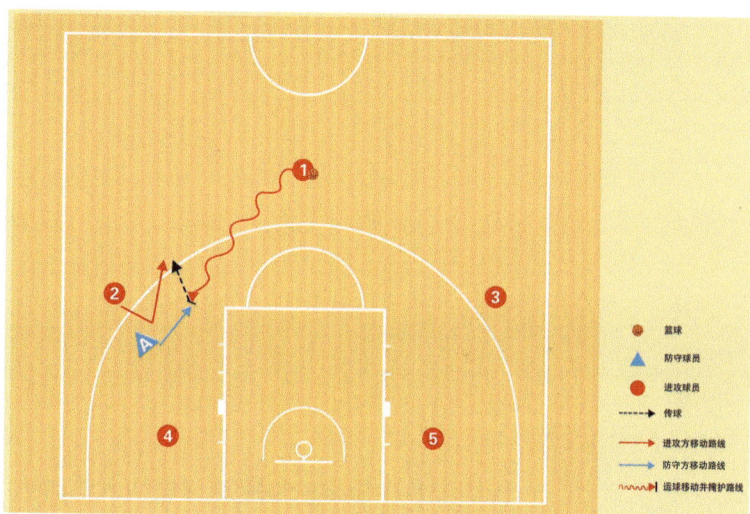

●	篮球
▲	防守球员
●	进攻球员
┅➤	传球
─➤	进攻方移动路线
─➤	防守方移动路线
∿➤	运球移动并掩护路线

指导建议

迂回进攻中，持球球员需要运球移动，所以不仅要保证运球稳定且速度快，还要时刻注意保护球，以防对手突然抢断，使我方失去对球的控制，进攻节奏被扰乱。

难度等级
★ ★ ★

图 b：　如果有防守球员一直跟着持球球员 2 进行防守，使得球员 2 没有得分机会，球员 2 应该继续迂回进攻，向球员 3 方向运球并设立运球掩护，球员 3 通过背后切入绕过防守球员完成手递手传球。与此同时，球员 1 应该向侧翼移动，补在球员 2 之前的位置上。

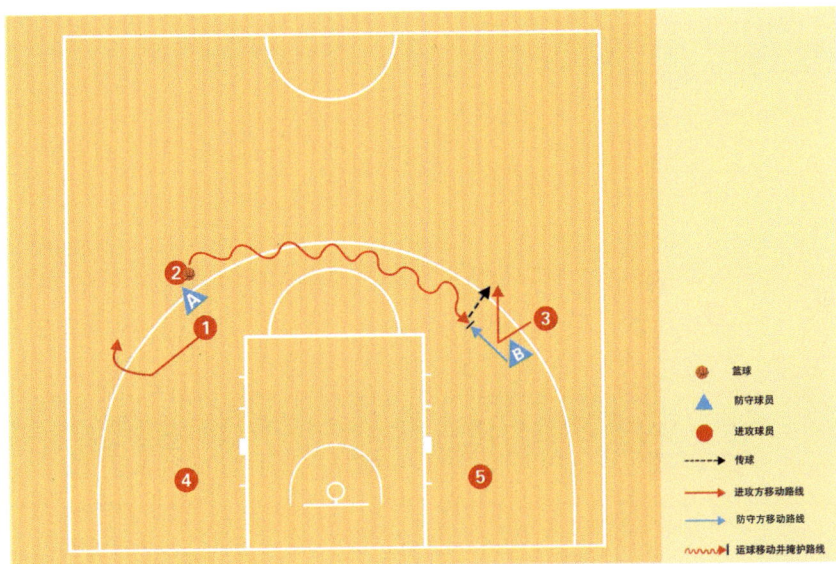

●	篮球
▲	防守球员
●	进攻球员
--→	传球
→→	进攻方移动路线
→→	防守方移动路线
∿∿→	运球移动并掩护路线

图 c：　如果持球球员 3 寻得空位，则切入篮下，伺机投篮、运球或传球，否则就继续迂回进攻球员 2 补到侧翼位置。

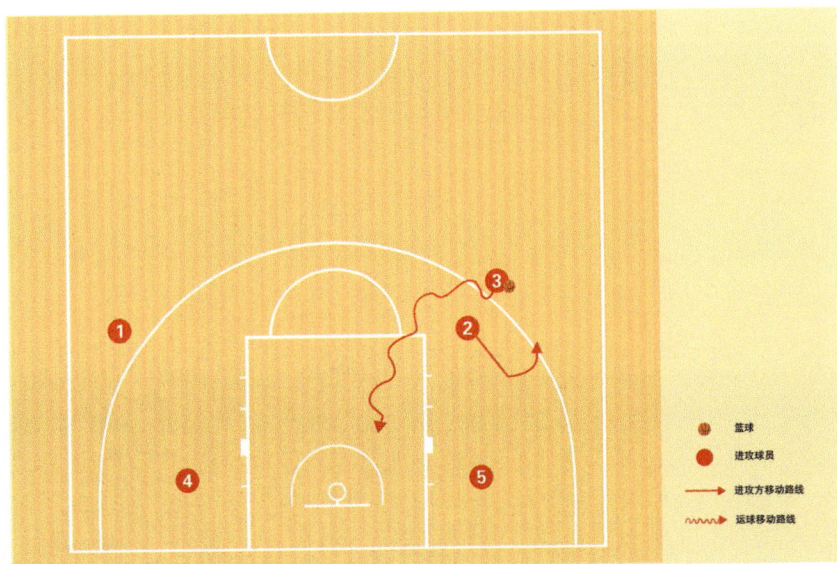

●	篮球
●	进攻球员
→→	进攻方移动路线
∿∿→	运球移动路线

五人战术配合

图a：　迂回进攻也可以由五个人开展，这样可以让进攻节奏更快，也能让进攻方式更加灵活。五人的迂回进攻也是从运球掩护并与队友进行手递手传球开始的。持球球员1向球员2方向运球设立掩护，完成手递手传球。

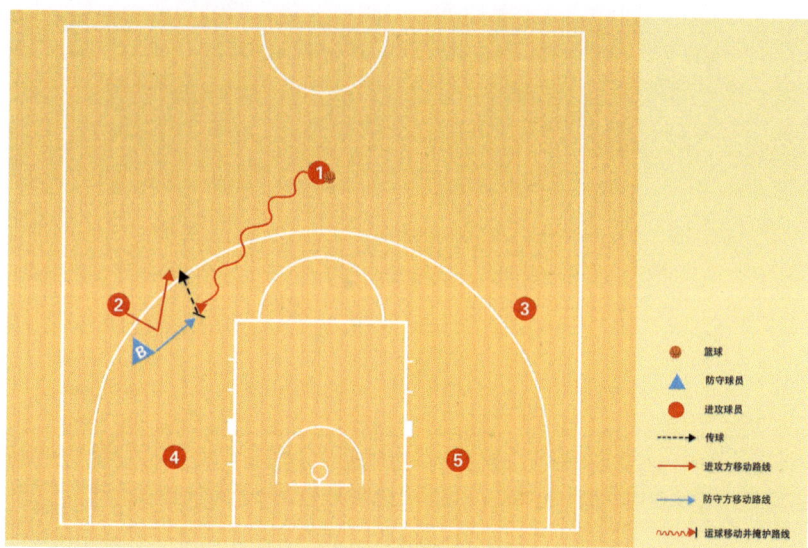

🏀	篮球
🔺	防守球员
🔴	进攻球员
⇠ ⇢	传球
→	进攻方移动路线
→	防守方移动路线
⌇▶	运球移动并掩护路线

图b：　如果有防守球员一直对持球球员2进行防守，使得球员2没有得分机会，球员2应该继续迂回进攻，向球员3方向运球并设立运球掩护，完成手递手传球。与此同时，球员1向篮下切入，球员4向侧翼移动，补在球员2之前的位置上。

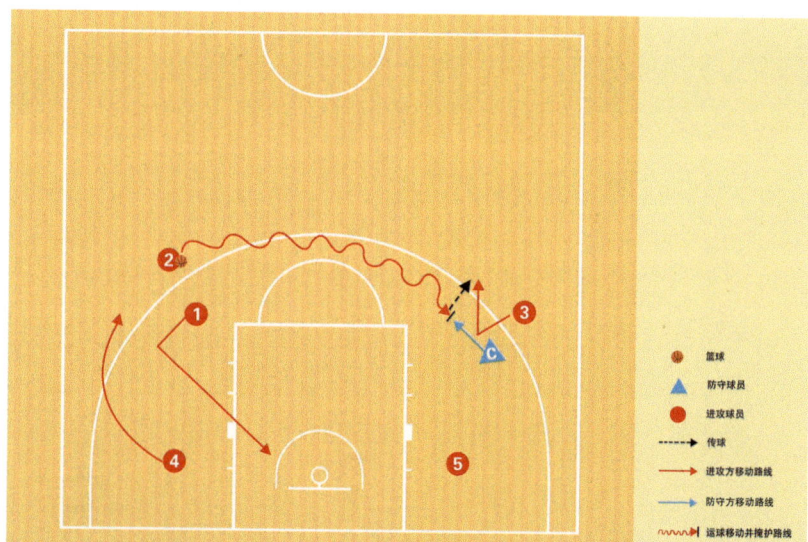

🏀	篮球
🔺	防守球员
🔴	进攻球员
⇠ ⇢	传球
→	进攻方移动路线
→	防守方移动路线
⌇▶	运球移动并掩护路线

图 c： 球员 3 接到传球后，根据场上情况，选择传球、切入或继续迂回进攻。与此同时，球员 1 向底角移动，球员 2 背后切入篮下，球员 5 向侧翼位置移动，若球员 2 无接球机会，则向底角移动，补全阵型。

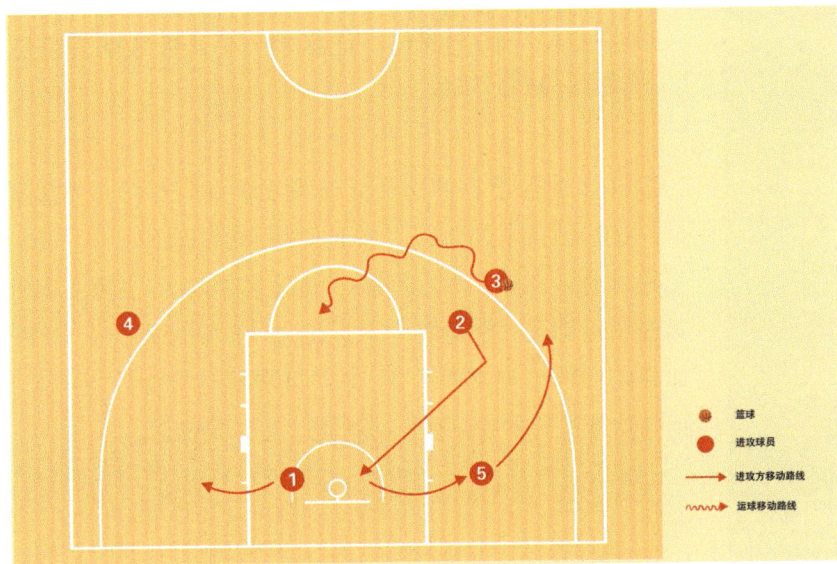

指导建议　迂回进攻不仅需要队友间的默契配合，还要时刻观察场上的情况与对手位置，随机应变，找到最适合、最有效的进攻方法。

练习 24

挡切战术：向下掩护

难度等级
★★☆

战术详解

向下掩护是侧翼球员为低位球员设立的掩护。底线球员切到空位后，可以使得防守球员无法同时防守掩护球员与切出球员，让其中一个人处在防守空位，从而获得得分机会。

图 a：侧翼附近的球员 4 慢慢靠近防守球员并准备设立掩护，在掩护完全设立后，位于底线区域的球员 2 向防守球员所在的方向迈几步，然后迅速向相反方向切出。注意，切出的距离应该足够远，使得防守球员无法同时防守球员 2 与球员 4。如果防守球员去追球员 2，球员 4 要抓住机会，切到篮下，接到持球球员 1 的传球后伺机投篮、运球或传球。

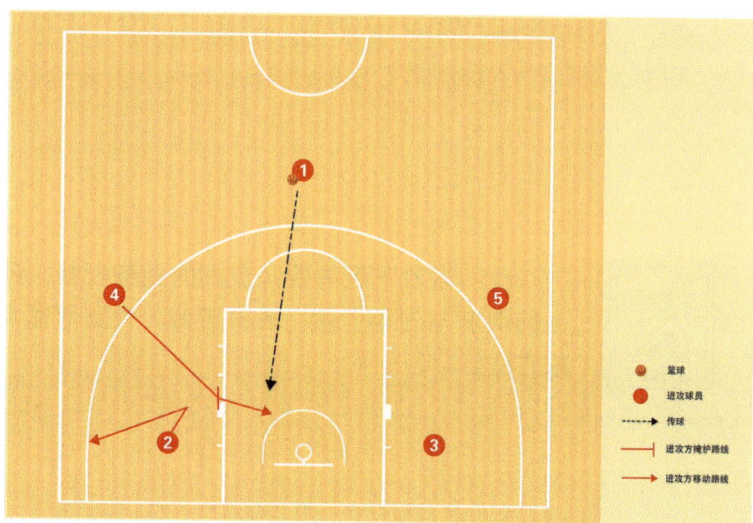

篮球
进攻球员
传球
进攻方掩护路线
进攻方移动路线

✕ 错误做法

球员 2 在掩护没有完全设立前便开始移动，会造成球员 4 移动掩护，被判犯规。

图 b：侧翼附近的球员 5 慢慢靠近防守球员并准备设立掩护，靠近时要先观察场上情况，以寻得能够在掩护后转身接球的角度。在掩护完全设立后，位于底线区域的球员 3 向防守球员所在的位置迈几步，然后迅速向外线切出，吸引防守球员离开防守位置，为球员 5 创造空位。球员 5 趁机转身接球，接到持球球员 1 的传球后伺机投篮、运球或传球。

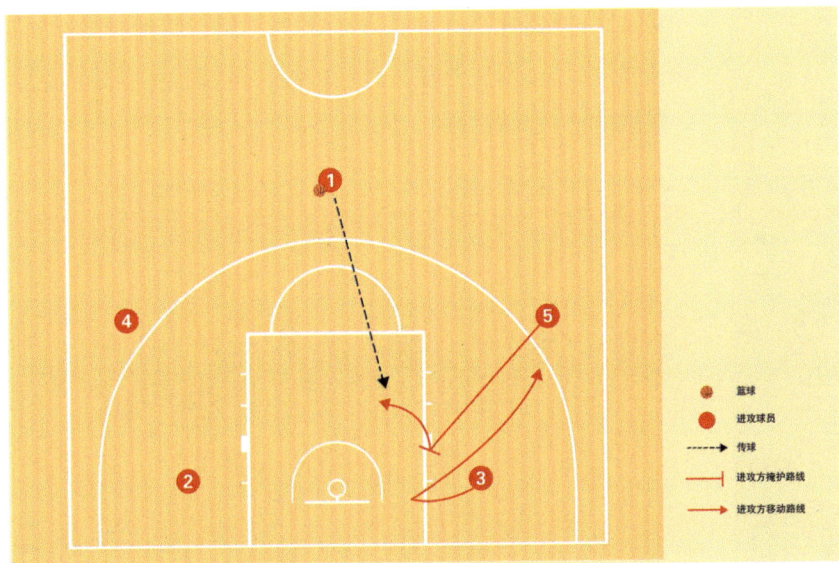

- 🔴 篮球
- 🔴 进攻球员
- ⇠ 传球
- → 进攻方掩护路线
- → 进攻方移动路线

⭕ 正确做法

在球场上要保持耐心，在必要时还要解读并预判防守球员的动作。此外，在掩护完全设立后才能移动，防止发生违规掩护。

指导建议　不管是比赛还是练习，球员都要养成及时分析防守球员的动作与想法的习惯，然后再做出相应的行动，否则很容易在掩护过程中出现失误，进攻节奏被打乱。

练习 25

挡切战术：肘区弧线切入

战术详解

在设立掩护时，球员 3 假装内切应该有意识地靠近篮筐，以帮助球员 1 寻得更好的角度挡住防守球员。

图 a：　持球球员 1 将球传给球员 2 后，切到肘区，为球员 3 设立掩护。球员 3 先假装直切内线，等掩护完全设立后，球员 3 利用掩护切入内线。

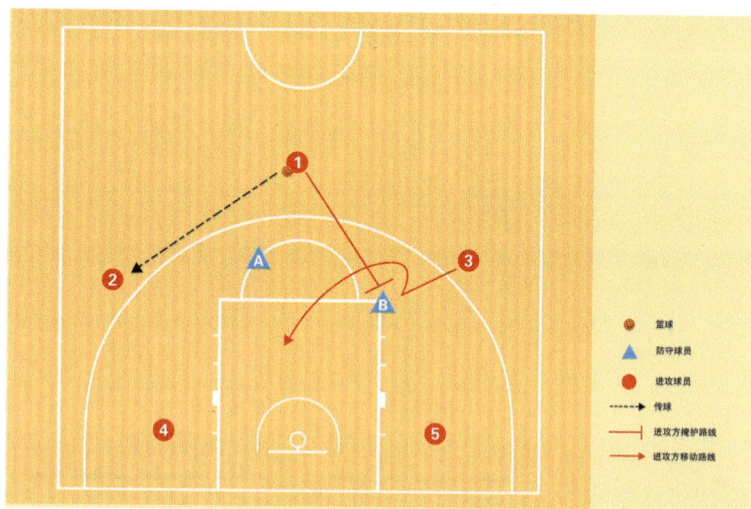

篮球
防守球员
进攻球员
传球
进攻方掩护路线
进攻方移动路线

✕ 错误做法

球员 3 在球员 1 的掩护还未到位时提前开始移动，并且假动作没有做完整，暴露本队战术意图。

图 b：　如果之前防守球员 1 的对手通过换防去防守球员 3，那球员 1 应该快速切回到三分线顶端前方位置。然后，持球球员 2 根据对手的防守情况，选择传球给球员 1 或球员 3，接球球员伺机投篮、运球或传球。

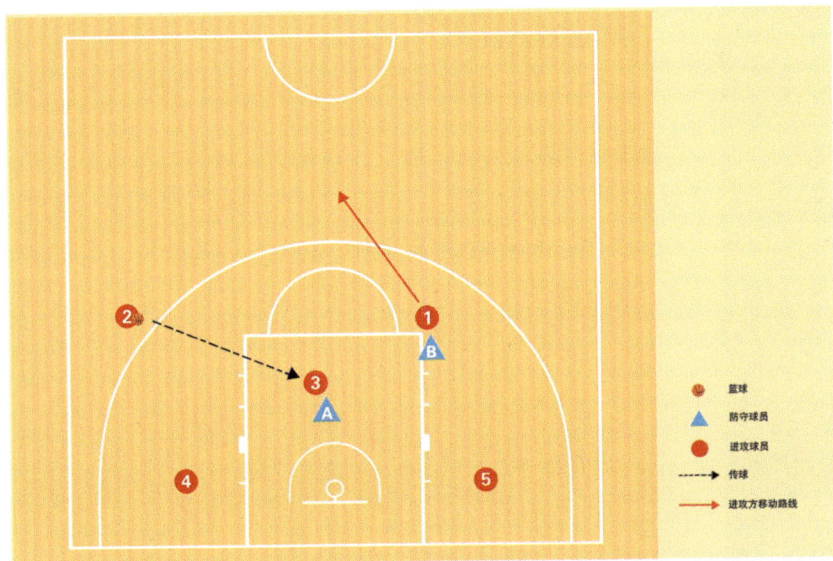

⭕ **正确做法**

在整个战术进行过程中，不管是接球队员还是传球队员，眼神都不要盯着队友和球，假动作应充分完整，传球隐蔽且迅速，不把本队的战术意图暴露给防守方。

指导建议　球员在平时训练中应设立不同变换方案多加练习，以应对在比赛中遇见不同的防守策略，提高随机应变能力，做到不随意中断跑动，不轻易停球，使整个战术的跑动清晰流畅。

战术详解

练习 26

> 背向掩护又称为向上掩护，是由掩护球员在防守队友的背后设立掩护，队友便可以利用背向掩护切到空位接球的战术。

挡切战术：背向掩护

图 a：球员 4 与球员 5 分别在防守球员 2 与球员 3 的身后设立掩护，待掩护完全设立后，球员 2 前切到内线，球员 3 背后切入篮下，利用掩护摆脱防守球员，寻得空位以准备接持球球员 1 的传球。

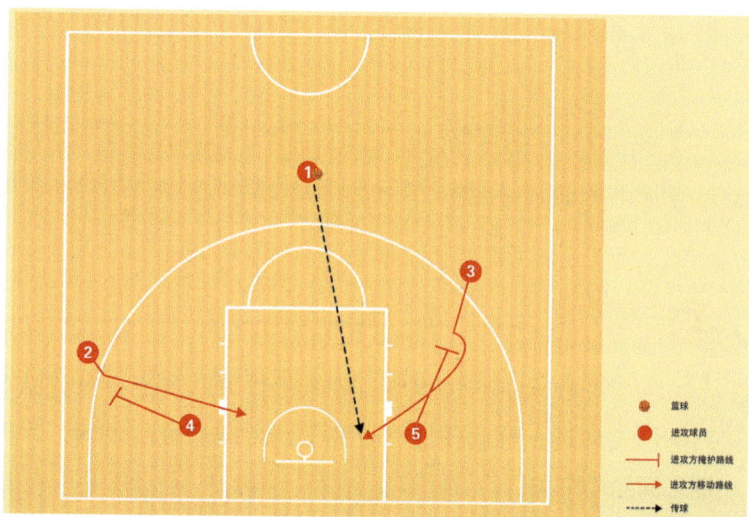

篮球
进攻球员
进攻方掩护路线
进攻方移动路线
传球

✗ 错误做法

掩护球员在掩护时与防守球员的距离过近，这样很容易导致掩护犯规或发生碰撞。

难度等级
★ ★ ☆

图 b：球员 4 与球员 5 完成掩护后向外切出，持球球员 1 根据防守球员的位置，将球传给位于空位的队友。如果防守球员换防，想要防守球员 2 与球员 3，那球员 4 与球员 5 处在无人防守的状态，此时应该抓住机会迅速切出，然后球员 1 将球传给切出的队友，切出球员接球后跳投。

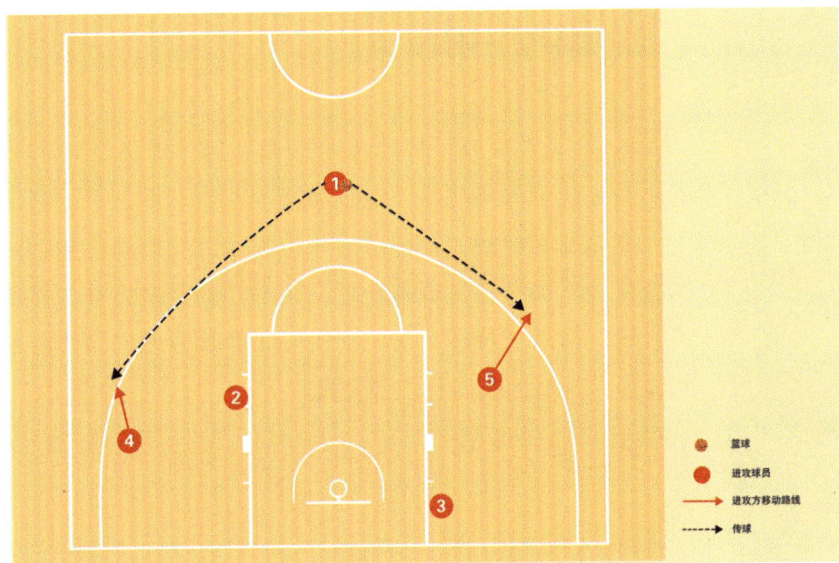

🏀	篮球
●	进攻球员
→	进攻方移动路线
⇢	传球

○ 正确做法

　　掩护时，不管对手是站在原地还是正在移动，掩护球员都不能与对手距离太近，至少要保持一步远的距离。如果对手处在移动状态，两人之间的距离还要根据对手的移动速度控制在一步到两步。

指导建议

　　与向下掩护相同，在设立背向掩护时，也需要耐心等到掩护完全设立好后再移动，以免发生违规掩护。这样也能够帮助球员正确分析防守球员的意图，并且预判防守球员的动向。

挡切战术：交叉掩护

战术详解

　　位于底线区域的球员穿到禁区为对面的另一名低位球员设立掩护的方式被称作交叉掩护。根据对方的防守情况，掩护球员或另一名球员可以切到肘区，接到传球并进行外线投篮。

　　图 a：　持球球员 1 将球传给球员 3 后，球员 3 向内线传球的路线被防守球员阻截，在这种情况下，球员 2 可以移动到篮下，设立交叉掩护，使得球员 4 可以通过上切越过掩护到对面的低位。球员 2 在完成掩护后，转身切到肘区，准备接球并伺机投篮、运球或传球，与此同时，球员 5 假意向内线移动后切到弧顶，球员 1 向内补位到侧翼。

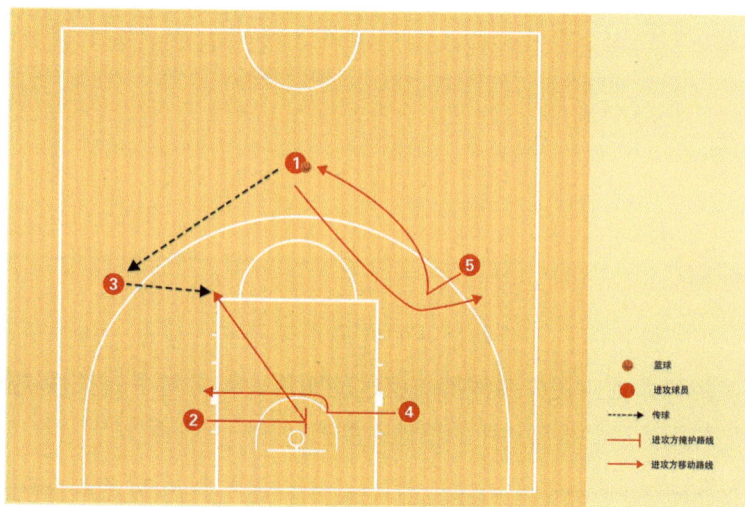

篮球
进攻球员
传球
进攻方掩护路线
进攻方移动路线

✗ 错误做法

　　球员之间缺乏默契，掩护球员在另一名球员越过掩护之前便开始向高位移动，导致两人跑动时被对方妨碍，甚至发生碰撞。

难度等级
★ ★ ★

图 b：　如果球员 3 的综合实力较强，那球员 1 传球给球员 2，球员 5 移动到篮下，为球员 3 设立交叉掩护，球员 3 利用掩护闪切到肘区，准备接球员 2 传球并伺机投篮、运球或传球。球员 5 在完成掩护后，转身切出，回到底线区域，球员 1 传球后向内弧形切到侧翼，球员 4 假意内切后补位到弧顶。

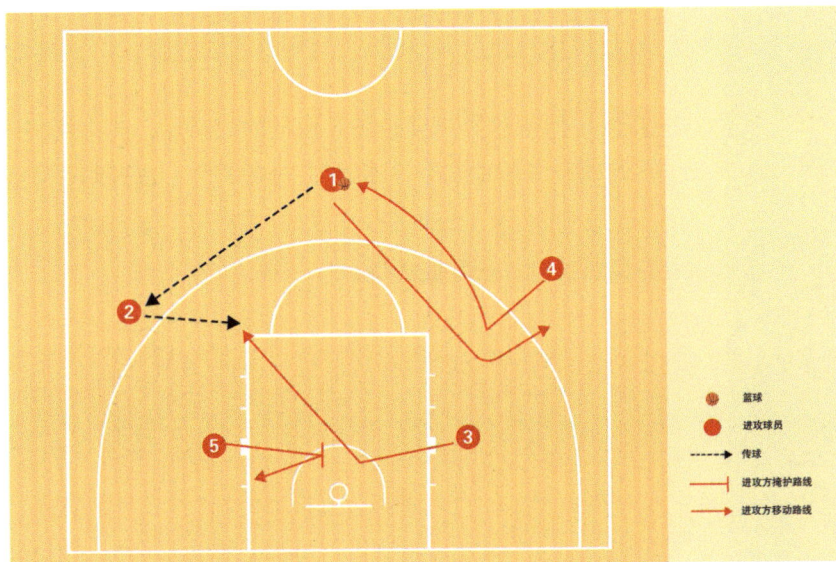

篮球
进攻球员
传球
进攻方掩护路线
进攻方移动路线

⭕ **正确做法**

执行交叉掩护的两名球员应该提前明示，决定是谁切到肘区。掩护球员要在队友通过后再移动，避免两人发生碰撞等失误。

指导建议　进行交叉掩护时，两名球员要时刻注意防守球员与队友的动向、位置，这样才能正确判断由谁切到肘区。此外，也要提前在练习时沟通，设定好队内暗号，让彼此之间的合作更加默契、高效。

挡切战术：突破分球

战术详解

突破分球战术是指当我方持球球员突破了一名对手的防守后，吸引其他防守球员过来协防，这就为队友创造了空位，持球球员便可以传球给空位队友。

图 a：持球球员 1 突破防守自己的球员后，向内线移动，吸引防守球员 5 的球员 E 上前协防。在球员 E 离开防守位置后，便无人防守球员 5，球员 5 迅速切入篮下，接到球员 1 的传球后，伺机投篮、运球或传球。

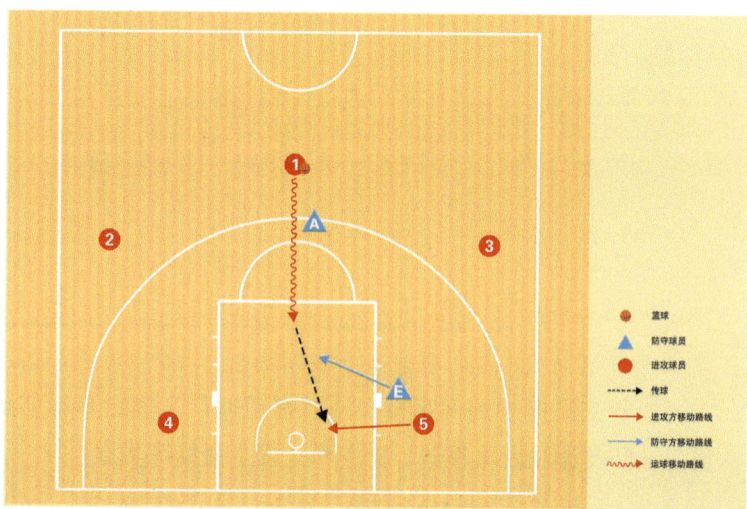

- 篮球
- 防守球员
- 进攻球员
- 传球
- 进攻方移动路线
- 防守方移动路线
- 运球移动路线

✕ 错误做法

持球球员不够果断，运球次数过多，降低了执行战术的效率；未持球球员没有及时跑到空位上，导致传球被防守球员抢断。

难度等级
★ ★ ☆

图 b：　持球球员 2 突破防守自己的球员后，向内线移动，吸引防守球员 3 的球员 C 过来协防。在防守球员 C 离开防守位置后，持球球员 2 将球传给无人防守的球员 3，为队友创造投三分球的机会。

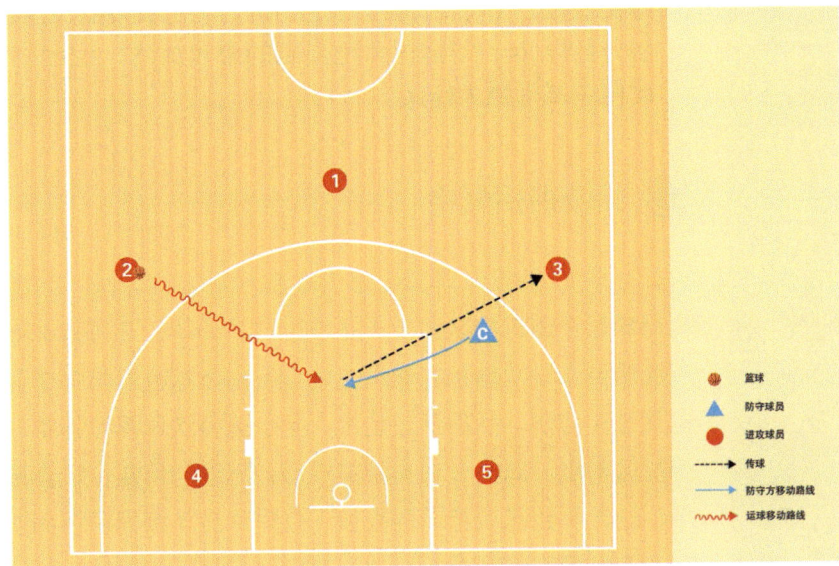

🏀	篮球
🔺	防守球员
🔴	进攻球员
---→	传球
→→	防守方移动路线
∿∿	运球移动路线

○ 正确做法

突破分球战术十分依赖传球，所以持球球员要保证球与人一起移动，以提高自己运球移动的速度与效率。此外，无人防守的球员要及时移动到空位上，但是也不能在防守球员离开防守位置前移动，这样可能会让防守球员回来继续防守自己。

指导建议　如果想要突破分球战术发挥最大效果，不仅要依靠持球球员对突破时间、位置的选择，以及自身突破防守的技术；还依靠未持球球员与持球球员的默契。

练习 29

挡拆配合进攻：高位、边线与肘区的配合

在挡拆配合战术中，持球球员在队友的掩护下运球突破防守，然后根据场上情况，将球传给比较容易得分的队友。挡拆配合是基础的进攻战术，但经常在比赛中发挥巨大作用。

◎ 高位挡拆配合

图 a： 如果持球球员 1 在中线附近被对方球员严密防守，离持球球员最近的队友位于高位区域，那球员 5 可以在弧顶附近为球员 1 设立掩护，球员 1 向反方向运球吸引防守球员 5 的球员过来协防，然后迅速切出，至少运两次球越过掩护，移动到肘区附近。球员 5 在掩护完成后，可以利用空位机会拆到篮下，球员 4 也可以移动到高位。持球球员 1 根据对手的防守情况，选择投篮或传球。

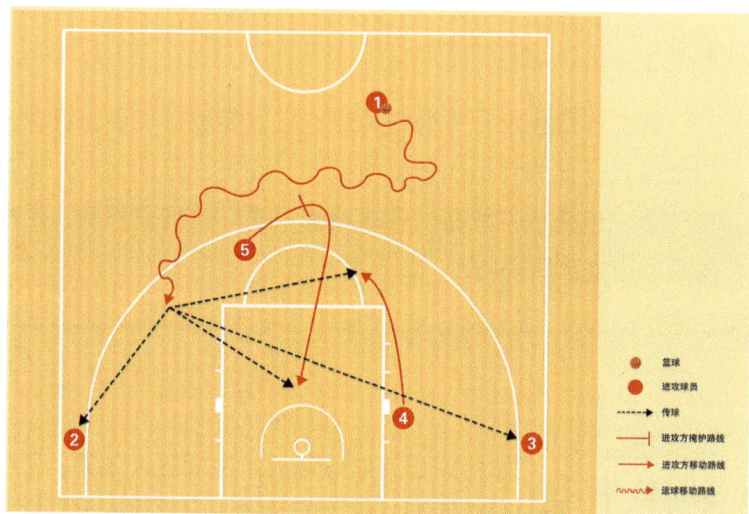

篮球
进攻球员
传球
进攻方掩护路线
进攻方移动路线
运球移动路线

难度等级
★ ★ ☆

图 b： 如果持球球员 1 在中线附近被对方球员严密防守，位于高位区域的球员 5 可以在弧顶附近为球员 1 设立掩护，球员 1 向反方向运球吸引防守球员 5 的对手过来协防，然后迅速切出，至少运两次球越过掩护，移动到高位区域。球员 5 在完成掩护后，抓住自己无人防守的机会迅速切到另一侧高位，球员 4 可以移动到自己对侧低位。持球球员 1 根据对手的防守情况，进行投篮或传球。

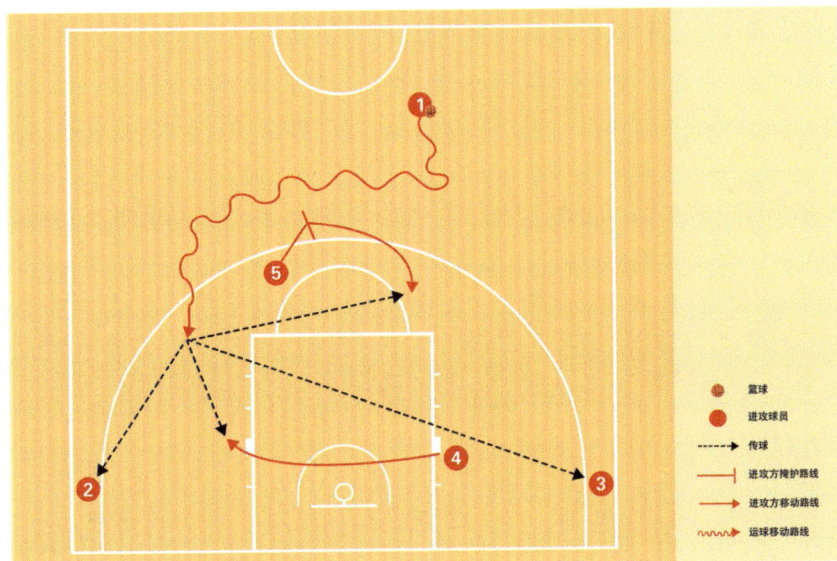

指导建议

持球球员进入三分线后，要时刻观察赛场上的变化，找出最有效的进攻方法。这就要求球员要具有大局观念和战术意识，还要求球员之间具有较高的默契。

● 边线挡拆配合

图 a：　如果持球球员 1 在靠近球场边线的位置被对方球员严密防守，距离他最近的球员 4 位于高位区域，那球员 4 可以在侧翼区域为球员 1 设立掩护，球员 1 向边线运球吸引防守球员 4 的球员过来协防，然后迅速切出，至少运两次球越过掩护，移动到罚球线附近。球员 4 在掩护完成后，可以利用空位机会拆到低位。持球球员 1 根据对手的防守情况，直接投篮或传球给队友。

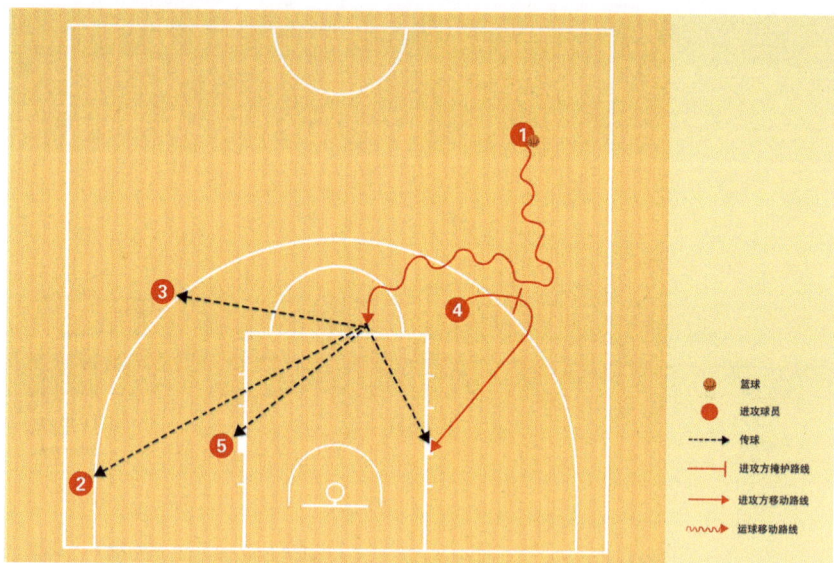

球员 4 在掩护时，要注意手臂不要乱挥，以免出现打手犯规或者掩护犯规。掩护球员可以两手置于腹前，用胸部挡住防守球员。

图 b: 如果持球球员 1 在靠近球场边线的位置被对方球员严密防守，距离他最近的球员 4 位于高位区域，那球员 4 可以在翼部区域为球员 1 设立掩护，球员 1 向边线运球吸引防守球员 4 的球员过来协防，然后迅速切出，至少运两次球越过掩护，移动到罚球线附近。球员 4 在掩护完成后，抓住自己无人防守的机会迅速切到底角，球员 5 也可以移动到禁区内。持球球员 1 根据对手的防守情况，直接投篮或传球给队友。

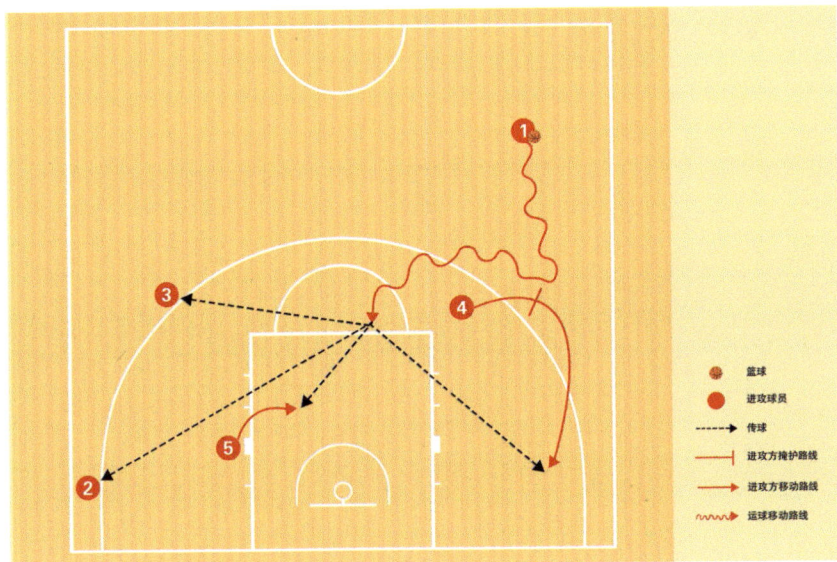

●	篮球
●	进攻球员
----▶	传球
▬	进攻方掩护路线
➡	进攻方移动路线
∿∿▶	运球移动路线

指导建议

比赛时，要先分析对方防守球员的防守意图，然后迅速挡在他的移动路线上，主动靠近并保证可以完全挡住他，以免他轻易越过掩护，继续防守持球球员。

◉ 肘区挡拆配合

图 a：　如果持球球员 1 在弧顶的前方被对方球员严密防守，距离他最近的队友球员 4 位于高位区域，那球员 4 可以在三分线内，肘区与弧顶之间为球员 1 设立掩护。球员 1 利用掩护，运球切出，并吸引防守球员 4 的对手过来协防，创造空位机会。球员 1 至少运两次球越过掩护后，球员 4 利用空位机会迅速移动到低位，同时球员 5 进入禁区。然后，持球球员 1 根据对手的防守情况，选择直接投篮或传球给获得空位的队友。

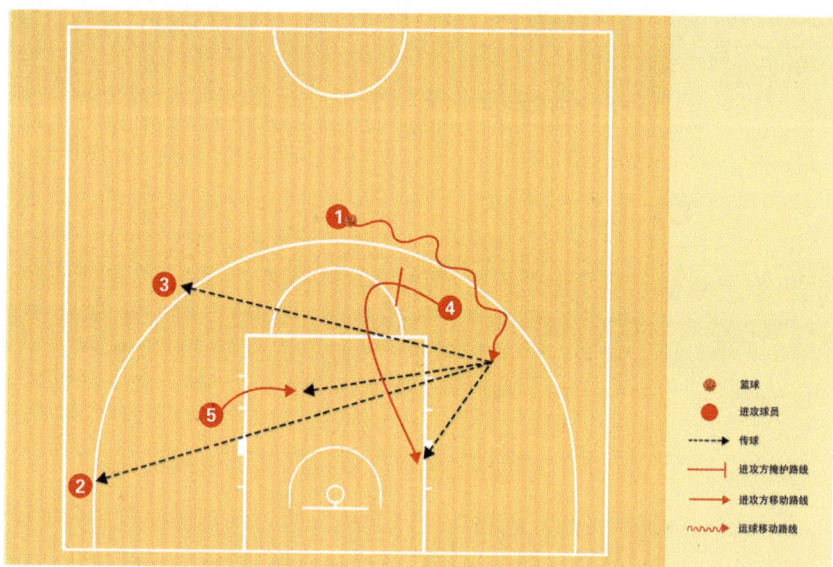

🏀	篮球
🔴	进攻球员
----▶	传球
⊥—	进攻方掩护路线
——▶	进攻方移动路线
∿∿∿	运球移动路线

指导建议　　持球球员在越过掩护时，注意控制与掩护球员之间的距离，尽量与他擦肩而过，否则被掩护球员挡住的防守球员很容易挤过掩护球员，继续防守。

◉ 肘区挡拆到高低位

图 a：　如果持球球员 1 在弧顶的前方被对方球员严密防守，且球员 4 和球员 5 分别位于高位区域的两侧，那两名球员可以分别在两侧的肘区与三分线之间的位置设立掩护，持球球员 1 运球向球员 4 的方向移动，越过掩护，然后根据场上情况，将球传给拆到篮下的球员 4 或者切到弧顶与罚球线之间的球员 5。

图 b：　如果球员 1 将球传给球员 5，球员 5 可以寻找机会将球传给移动到篮下的球员 4，也可以直接投篮。

练习 30

挡拆配合进攻：早期拖后

难度等级

★ ★ ☆

战术详解

在展开进攻的过程中，首先可以通过挡拆配合进攻来摆脱对手的防守，创造得分的机会。当持球球员借助队友的掩护到达罚球线附近后，便可以根据场上情况选择适合的战术。

图 a：当持球球员 1 在球场中线与边线夹角的位置展开进攻时，距离持球球员最近的球员 5 可以在弧顶附近或者侧冀为球员 1 设立掩护。球员 1 向远离掩护球员的方向运球，吸引防守球员 5 的对手过来协防，然后迅速切出，至少运两次球越过掩护，并为球员 5 创造空位机会。待掩护结束后，球员 5 利用空位迅速拆到篮下。运球到罚球线附近的持球球员 1 根据场上情况，跳投或者传球给队友。

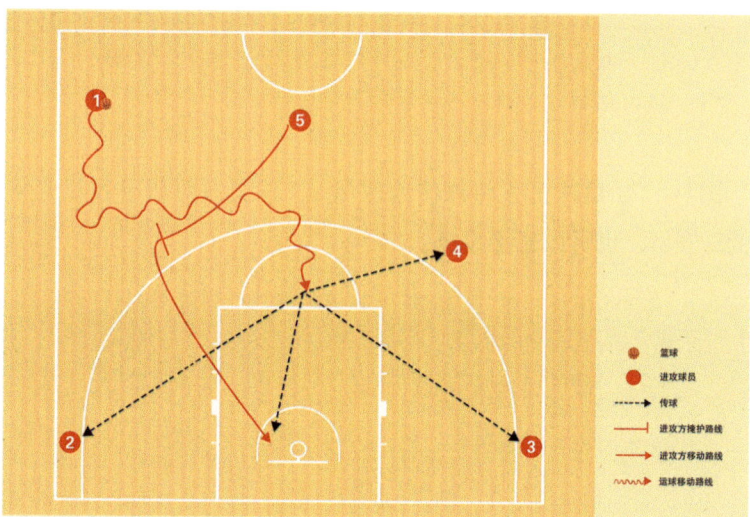

篮球
进攻球员
传球
进攻方掩护路线
进攻方移动路线
运球移动路线

指导建议

在挡拆战术中，持球球员 1 是至关重要的人物。运球技术过硬、动作熟练且具有良好战术意识的球员可以为球队之后的进攻奠定坚实的基础。

战术详解

如果距离持球球员最近的队友来不及设立掩护，那持球球员可以传球给其他队友，由接球球员与队友执行挡拆战术。

图 a：持球球员 1 和在底角的球员 2 同时向侧翼移动，进行手递手传球。

图 b：球员 1 传球后切到同侧底角球员 5 移动到弧顶附近或者侧翼附近为持球球员 2 设立掩护，完成掩护后迅速拆到篮下。球员 2 运球越过掩护，向罚球线附近移动，根据场上情况，跳投或者传球给队友。

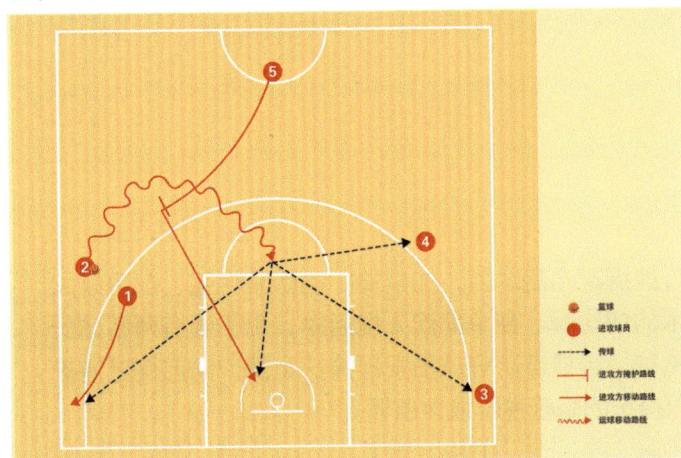

挡拆配合进攻：早期运球拖后

难度等级
★★☆

练习 32

挡拆配合进攻：早期

双人拖后

难度等级
★★★

战术详解

> 　　如果持球球员想横穿到球场的另一端，那可以由两名队友前后设立掩护，协助球员运球移动到方便展开进攻的位置。

　　图 a：　如果持球球员 1 位于球场边线附近，被防守球员严密防守，导致我方无法顺利展开进攻，那与球员 1 在一条直线上的球员 5 与球员 4 可以在侧翼与弧顶和罚球线之间为球员 1 设立掩护。球员 1 向另一边线方向运球，吸引防守球员 4 与球员 5 的对手过来协防，然后迅速切出，越过两人的掩护，并至少再运两次球，以创造空位机会。待掩护结束后，球员 5 利用空位迅速拆到篮下，球员 4 拆到肘区。持球球员 1 根据对手的防守情况，跳投或者传球给队友。

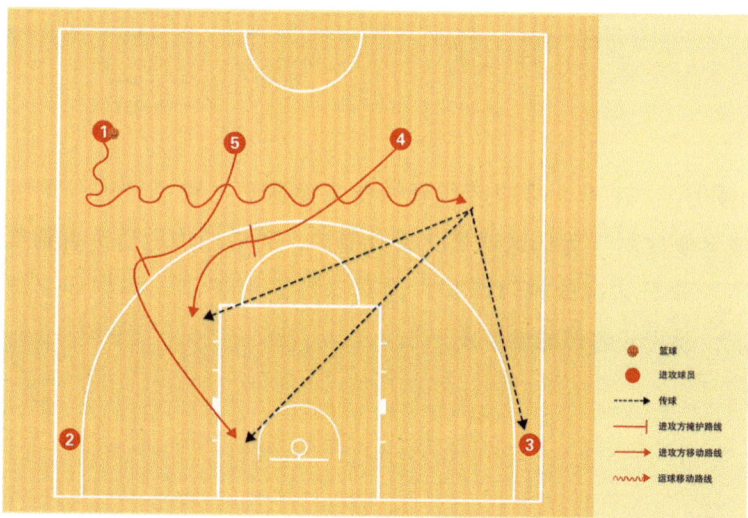

- 篮球
- 进攻球员
- 传球
- 进攻方掩护路线
- 进攻方移动路线
- 运球移动路线

　　在执行挡拆配合战术时，如果掩护的隐蔽性强，那可以大幅提高战术的成功率。在早期双人拖后中，由于要有两名球员前后设立掩护，容易被防守球员发现掩护意图，向前挤过掩护球员，所以掩护的隐蔽性就极为重要。

指导建议

战术详解

> 如果距离持球球员最近的队友来不及设立掩护，那持球球员可以传球给其他队友，由接球球员与队友执行挡拆战术。

图 a： 持球球员 1 将球传给位于侧翼的球员 2。

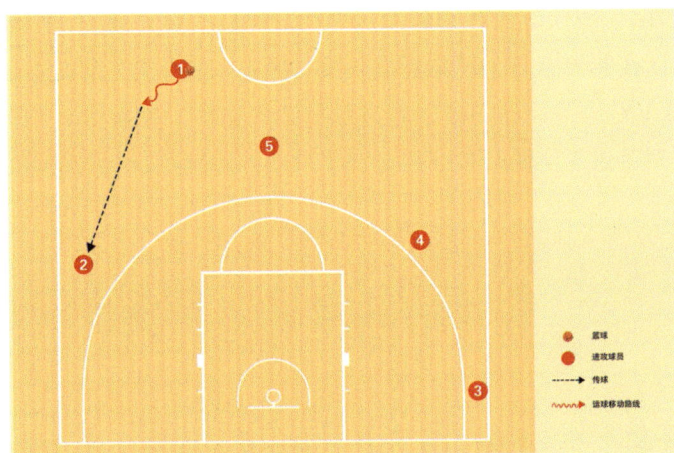

图 b： 球员 1 完成传球后，绕过持球球员 2 向底角位置移动。球员 5 在翼部为球员 2 设立掩护，球员 2 运球越过掩护，并至少运两次球，创造空位机会，使球员 5 可以利用空位拆到篮下。球员 2 到达罚球线后，选择跳投或传球给队友。

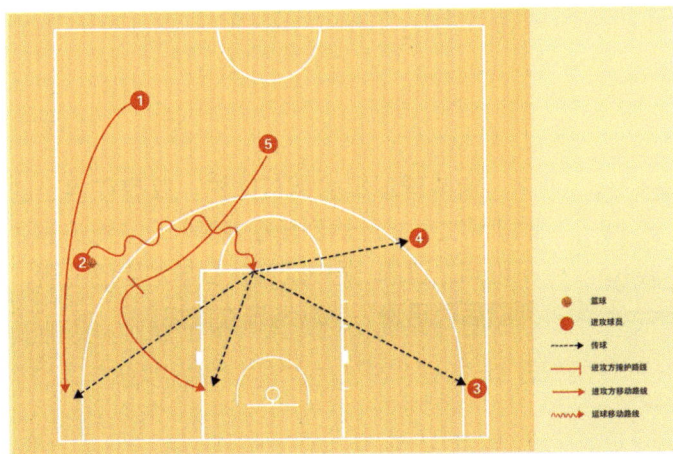

練習 33

挡拆配合进攻：早期

翼部挡拆配合

难度等级

★ ★ ☆

练习 34

挡拆配合进攻：早期抢前掩护配合

战术详解

在挡拆配合进攻中，未持球球员也可以相互掩护，使队友能够移动到方便接球并且容易展开进攻的位置，这样可以给持球球员更多传球的选择，提高我方进攻的成功率。

图a：如果球员5暂时无法为持球球员1设立掩护，那球员2可以在侧翼上方为持球球员1设立掩护，在掩护完全设立后，球员1沿边线运球切出，越过球员2的掩护，并吸引防守球员2的对手过来协防。

🔴	篮球
🔴	进攻球员
⊢	进攻方掩护路线
∿➤	运球移动路线

指导建议

未持球球员的相互掩护，只有在恰当的时机设立，才能达到预期效果。设立掩护时，不可操之过急，要先观察队友与对手的位置，判断后再迅速、隐蔽地设立掩护。

难度等级

★ ★ ☆

图b： 球员2完成掩护后，球员5可以在侧翼为球员2设立掩护，让球员2利用掩护向弧顶移动。球员2越过球员5的掩护，吸引防守球员5的对手过来协防，并迅速移动到弧顶附近，接到持球球员1的传球。

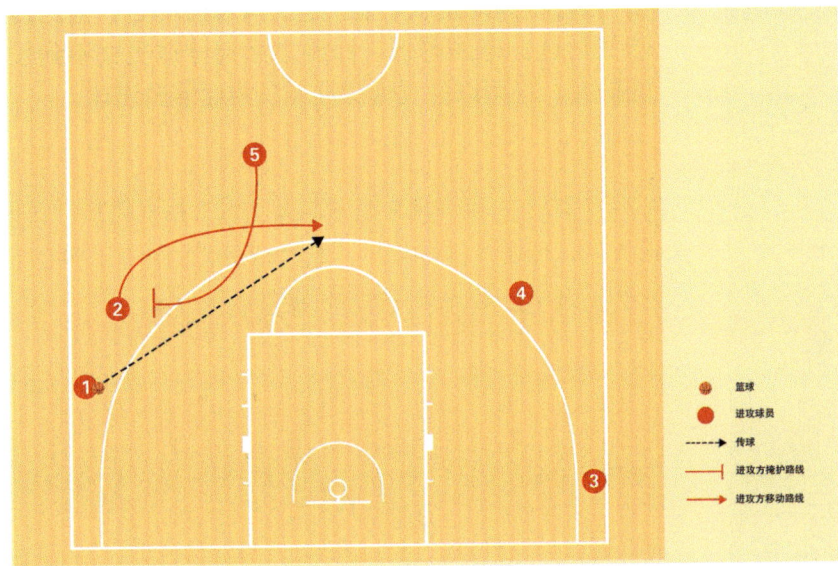

图c： 球员5完成掩护后，迅速拆到篮下。持球球员2根据防守球员的位置，选择跳投或者传球给队友。

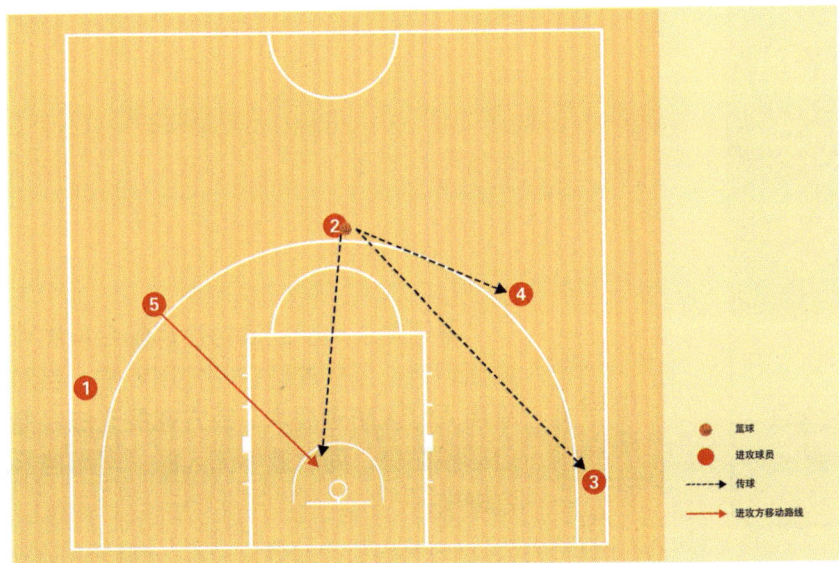

战术详解

練習 35

挡拆配合进攻：早期抢前掩护到底角挡拆配合

如果持球球员的综合能力较强、技术过硬，那球员可以执行早期抢前掩护到底角挡拆配合，帮助持球球员到达罚球线附近，即使之后持球球员找不到投篮的机会，也可以通过传球让球队继续展开进攻。

图 a：球员 2 在侧翼为持球球员 1 设立抢前掩护。在掩护完全设立后，球员 1 运球切出，越过球员 2 的掩护，并吸引防守球员 2 的对手过来协防，直至运球至底角位置。

- 🏀 篮球
- 🔴 进攻球员
- ——➤ 进攻方掩护路线
- ⌇⌇➤ 运球移动路线

难度等级
★ ★ ☆

指导建议

早期抢前掩护到底角挡拆配合虽然可以灵活运用，但要注意它的使用前提。当对方采用人盯人防守战术，我方球员无法轻易独自摆脱防守，同时篮下无人时，可用挡拆配合进攻。

图 b：球员 2 完成掩护后，转身向弧顶移动；同时球员 4 向低位移动。然后球员 5 迅速切到底角附近，为持球球员 1 设立掩护。球员 1 运球切出，绕过球员 5 的掩护，吸引防守球员 5 的对手过来协防，并向罚球线方向移动。

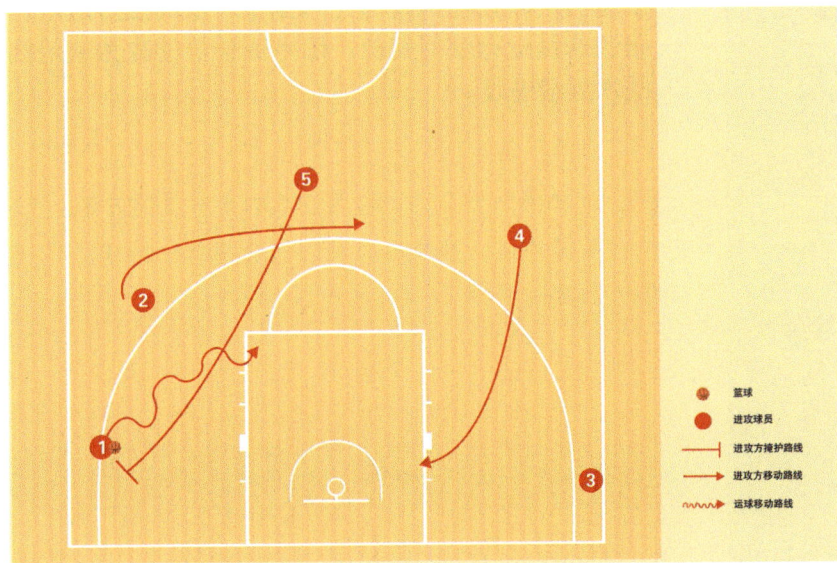

图 c：球员 5 完成掩护后，迅速拆到篮下。同时，持球球员 1 要抓住有利机会上篮或急停跳投得分，如果没有机会投篮，要及时、准确地传球给队友。

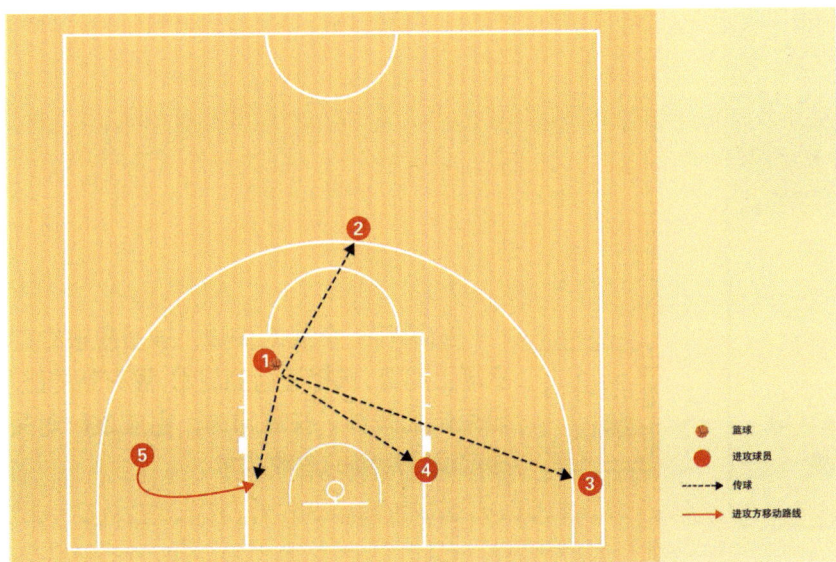

挡拆配合进攻：早期背后切

到底角挡拆配合

战术详解

如果一名球员在持球球员同一侧的底角位置，那该球员可以先尝试背后切入篮下，从而展开进攻。如果该球员没有获得空位，那持球球员便改为使用挡拆战术继续进攻。

图 a：如果球员 2 通过背后切入的方法摆脱防守，成功切入低位并获得空位，那球员 1 可以优先将球传给球员 2，球员 2 伺机投篮得分。

- 篮球
- 进攻球员
- 传球
- 进攻方移动路线
- 运球移动路线

指导建议

如果前一个战术失败，球员应该立刻根据场上局势，选择适合的战术，展开新的进攻，切忌自乱阵脚。在练习时，也应该针对失败提前设计后续的进攻战术。

难度等级
★ ★ ☆

图 b：　如果球员 2 没有获得空位，便改为执行挡拆战术。球员 2 继续切到对侧的底角位置，球员 3 从底角移动到侧翼持球球员 1 继续向前运球，而球员 5 应该迅速移动到球员 1 前三分线内附近的位置，为球员 1 设立掩护球员 4 移到弧顶。然后，球员 1 运球切出，绕过球员 5 的掩护，吸引防守球员 5 的对手过来协防，并向罚球线方向移动。

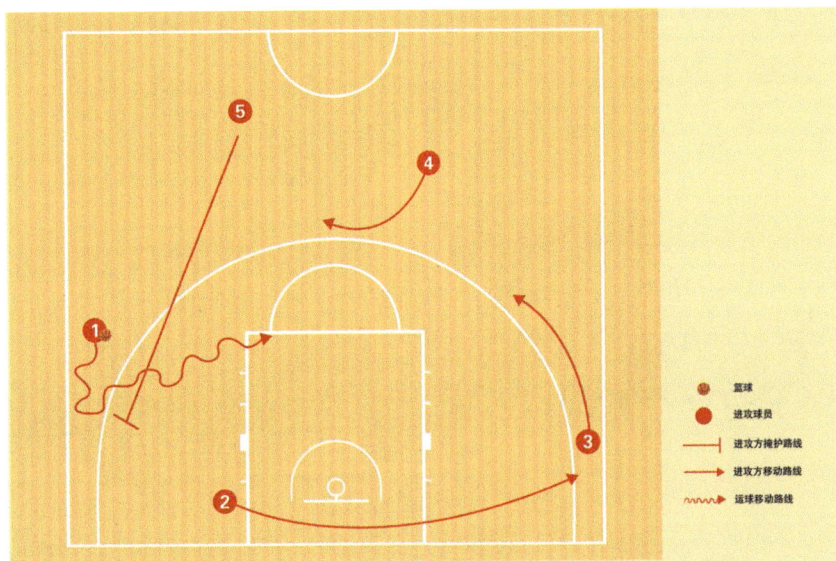

图 c：　球员 5 完成掩护后，迅速拆到低位区域，持球球员 1 观察场上情况后，选择对我方进攻有利的位置，选择跳投或传球给队友。

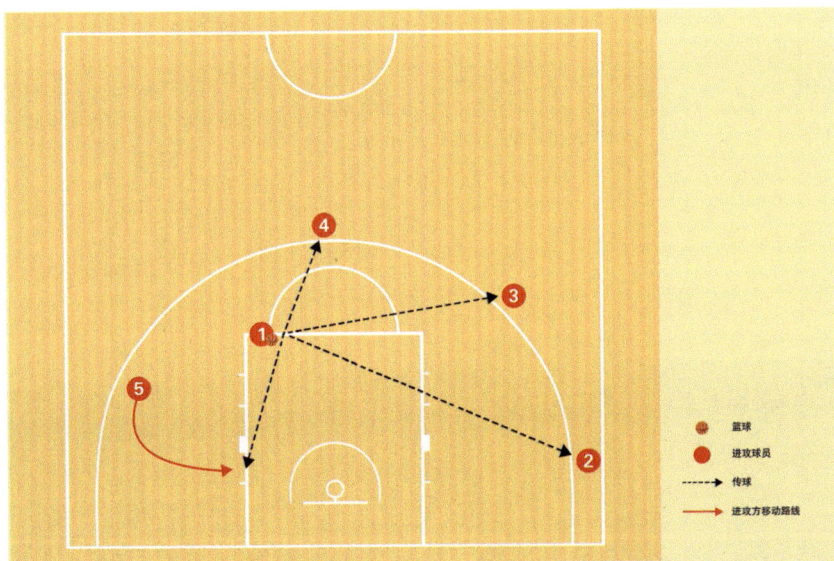

第二章

常用进攻战术配合

战术详解

在快攻时，球员应该保持分散站位，以最快的速度向前场奔跑，抓住机会，转守为攻，扭转被动防守的局面。

图 a：球员 3 拿到篮板球后迅速传球给位于侧翼的球员 2，传完球后迅速向前场低位跑去球员 2 接球后迅速向前传球给球员 1，传完球后迅速向前场的底线区域跑去，占据有利的篮下位置。球员 5 则从另一侧快速向前移动，寻找一个方便接持球球员 1 的传球的位置，接到球员 1 的传球后直接开始投篮。球员 4 可以为球员 5 设置掩护，帮助球员 5 获得进攻空间。

典型快攻

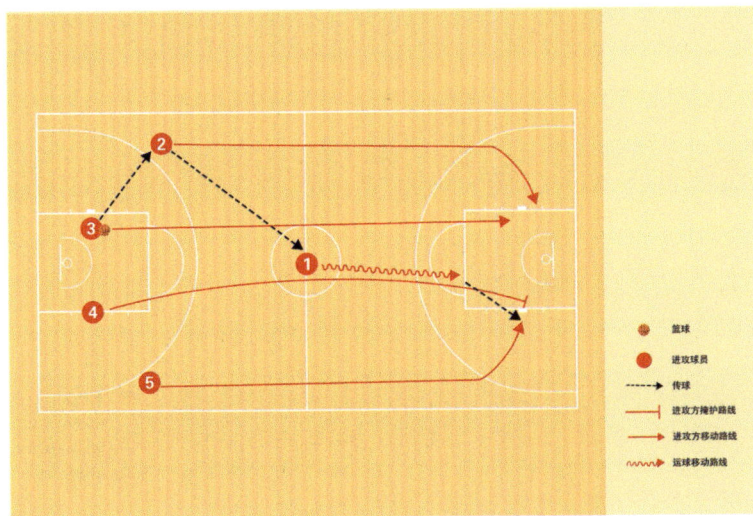

- 🏀 篮球
- 🔴 进攻球员
- ┅► 传球
- ├─ 进攻方掩护路线
- ──► 进攻方移动路线
- ⌇⌇► 运球移动路线

难度等级
★ ☆ ☆

指导建议

如果对手正在防守侧翼球员，便可以传球给后面的球员。后面的球员移动速度较慢，通常是大前锋和中锋，叫作跟随球员。跟随球员可以直接空切到禁区，在禁区接到传球后，寻找机会投篮。

练习 38

1-4 进攻

难度等级

★ ☆ ☆

战术详解

　　除了典型快攻外，1-4 进攻对于机动能力强且球员体型较小的球队来说是一种有效的进攻队形。这种队形的灵活性很高，适用于执行进攻战术。

　　图 a：1-4 进攻队形需要除了持球球员的其他四名球员沿罚球线和罚球线延长线一字排开，球员 3 和球员 4 分别位于侧翼，球员 1 和球员 2 分别位于肘区附近。这个队形在篮筐附近留有足够的空间，球员 2 可以向篮下空切，球员 4 也可以为持球球员 5 掩护，使球员 5 获得移动或投篮的空间。

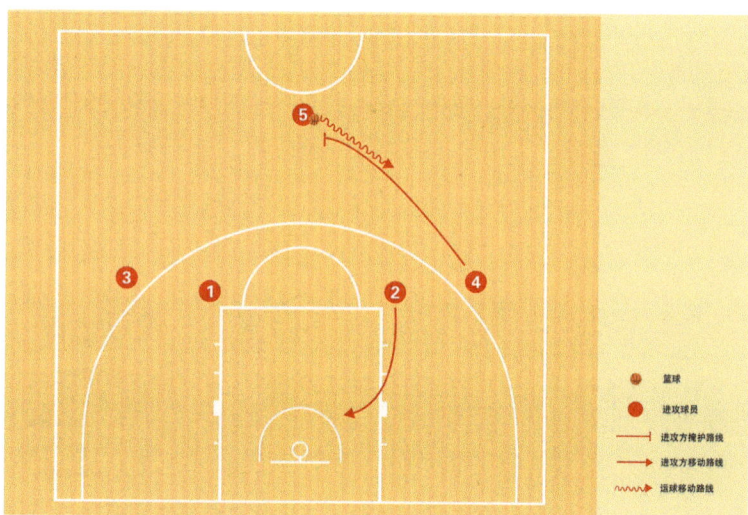

● 篮球
● 进攻球员
→ 进攻方掩护路线
→ 进攻方移动路线
〜〜 运球移动路线

指导建议

　　1-4 进攻队形有助于在篮筐附近创造足够的空间。球员 5 作为控球后卫，可以根据场上局面向任意队友传球。向不同的位置传球就要配合不同的战术，所以 1-4 进攻战术非常灵活，往往可以得到出其不意的效果。

战术详解

如果球队中有体型高大的球员，并且想要在比赛中进行有力的内线进攻，就可以使用双低位加三外线队形。

图 a：在双低位进攻队形中，球员 1 和球员 2 分别站在两侧的低位区域。这样的话，如果持球球员 4 将球传给球员 2（或球员 1），两名球员便可以相互掩护或者将球传给对方，以获得高命中率的低位投篮机会，同时也可以占得有利的争抢篮板球位置。

双低位进攻

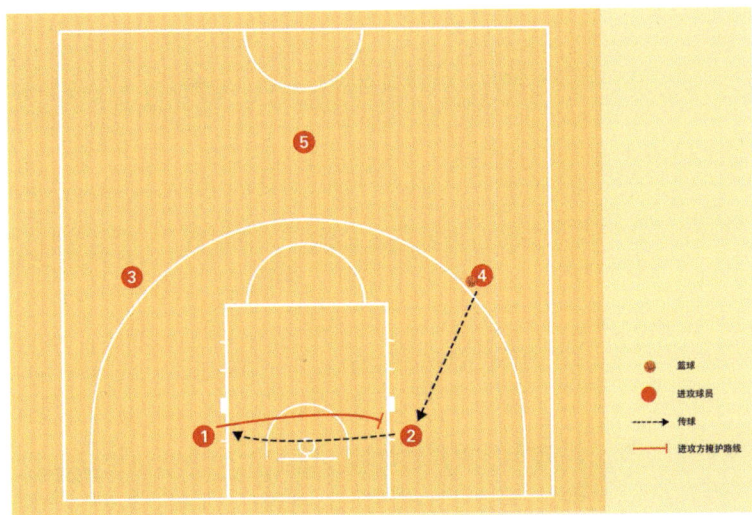

- 篮球
- 进攻球员
- 传球
- 进攻方掩护路线

难度等级
★★☆

指导建议

双低位进攻战术往往需要利用球员体型、力量上的优势，以取得有利位置。在低位的两名球员要配合默契，为自己或对方创造得分的机会；也要集中注意力，投篮不进时，努力抢夺篮板球。

练习 40

1—3—1 进攻

战术详解

对于有两名优秀的内线球员的球队，1-3-1 队形是一个不错的进攻组合。但是要注意攻守平衡，保证球员可以及时退防。

图 a：在这个进攻队形中，球员 5 站在弧顶的正前方，球员 1 站在低位区域，球员 3 和球员 4 站在侧翼，控球后卫球员 2 站在罚球线附近。球员 5 和球员 1 应该是两名体型高大的内线球员。球员 5 的视野较好，如果内线出现机会，可以直接将球传给球员 1，创造较好的得分机会。

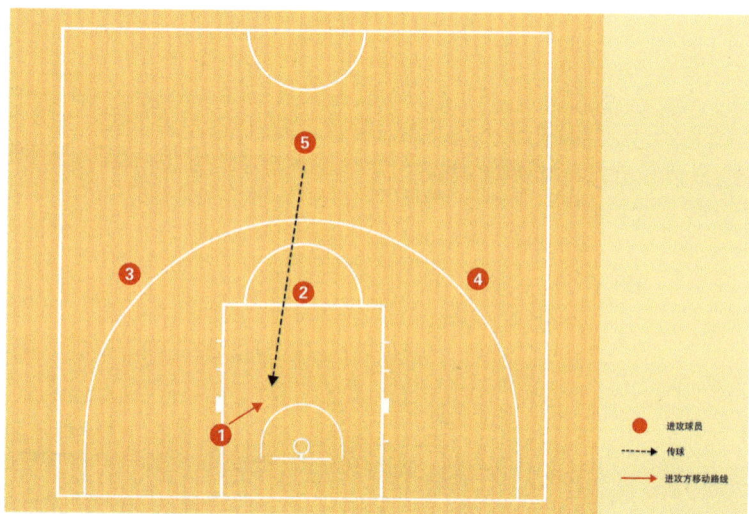

难度等级
★ ★ ☆

指导建议

球员 5 应该是头脑冷静、善于思考、战术意识强，可以清楚分析战局、传球技术和中距离投篮技术好的球员；球员 1 应该是擅长篮下进攻和抢篮板球的球员。两人要有较强的默契，才能保证这个战术发挥最大效果。

战术详解

区域进攻有许多模式，球员需要根据场上情况灵活应用。一次成功的区域进攻要求球员能够抓住区域中的防守空位，并正确利用空位展开进攻。

图a：在我方展开区域进攻时，对方通常会选择2-3区域联防。对于这种联防，进攻球员可以移动到防守空位，迷惑防守球员，扰乱对方的防守队形，让其在决定防守哪名球员时犹豫不决。展开区域进攻时，我方球队中应该有一名控球后卫球员（球员5）、两名侧翼球员（球员3和球员4）、一名位于罚球线正前方的球员（球员5）和一名低位球员（球员1）。

●　进攻球员

区
域
进
攻

难度等级
★★☆

指导建议

如果想通过区域进攻得分球员需要进行大量的练习，球员之间要不断磨合，提高默契程度，并形成一定的肌肉记忆。此外，球员也要学会分析防守球员，并对防守做出相应对策，以在比赛中能够灵活应对。

练习 42

破紧逼进攻

难度等级
★ ★ ☆

战术详解

破紧逼进攻的活动范围是全场，是攻势比较猛的一种战术。如果防守球员用某种类型的全场、四分之三场或半场紧逼防守，试图打乱我方的进攻队形及节奏，便可以及时调整为破紧逼进攻，帮助我方球员保持冷静。

具体分析：如果防守球员 1 对 1 紧逼防守，那我方展开进攻的核心便是具备出色控球技术的后卫，或是运球技术好的球员。在确定对方使用了紧逼防守后，持球球员应该迅速将球传给后卫，后卫通过灵活运球甩开防守，将球推到前场进攻端，然后根据场上情况，选择合适的战术继续展开进攻。

如果防守球员采用任何级别的区域压迫式防守（全场、四分之三场或半场），那持球球员应该及时将球传向中路。中路球员一般是对手开始紧逼时就在中路的球员，或是从弱侧空切到中路的球员。中路球员接到传球后，应该直接向篮下运球，展开进攻。此外，持球球员向中路传球时，内线球员应该努力向篮筐的两侧移动，以给中路球员分球的选择。

指导
建议

在面对防守球员的紧逼防守时，要时刻保持冷静，不要自乱阵脚，露出破绽。球员不仅要有较好的抗压能力，还要时刻注意对手的变化，及时使用破紧逼进攻来应对紧逼防守，避免局势向不利我方的方向发展。

第三章

团队进攻实用策略

练习 43

了解把球抛入内线的效果

战术详解

如果成功将球传给了位于内线的队友，那便可以快速打破场上的攻守平衡，让局势朝着对我方有利的方向发展，并有利于我方后续采用更多样化的进攻模式。

图 a：　如果位于三分线外的持球球员 2 成功传球给处在内线的队友，尤其是成功传球给位于低位的球员 4 时，进攻的成功率会明显提高。因为很难防守低位球员，所以外线的防守球员会为了协防而向球员 4 所在的位置移动，此时，位于外线的我方球员的移动会变得相对容易。

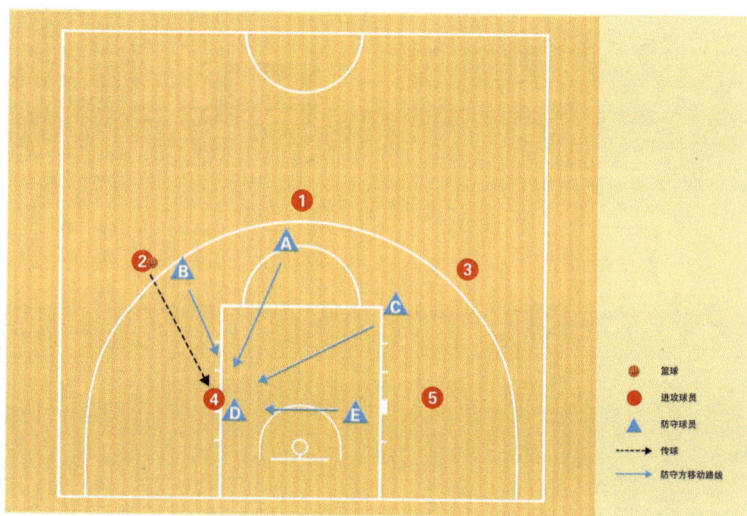

難度等级
★★☆

指导建议

如果无法将球传给位于低位的队友，但是有队友位于高位，那持球球员可以向高位传球。但需要注意，位于高位的球员应是技术过硬、能力较强的球员，这样才能展开有效的进攻。

图 b：因为防守球员都向内线移动，造成防守范围收缩，针对外线球员 1、球员 2 与球员 3 的盯防便会松懈。这时，外线球员 1、球员 2 与球员 3 便可以移动到方便接球的位置，持球球员 4 根据防守球员的站位，将球传给合适接球的外线球员。外线球员移动后，身体正面朝向篮筐，接球后直接投篮。

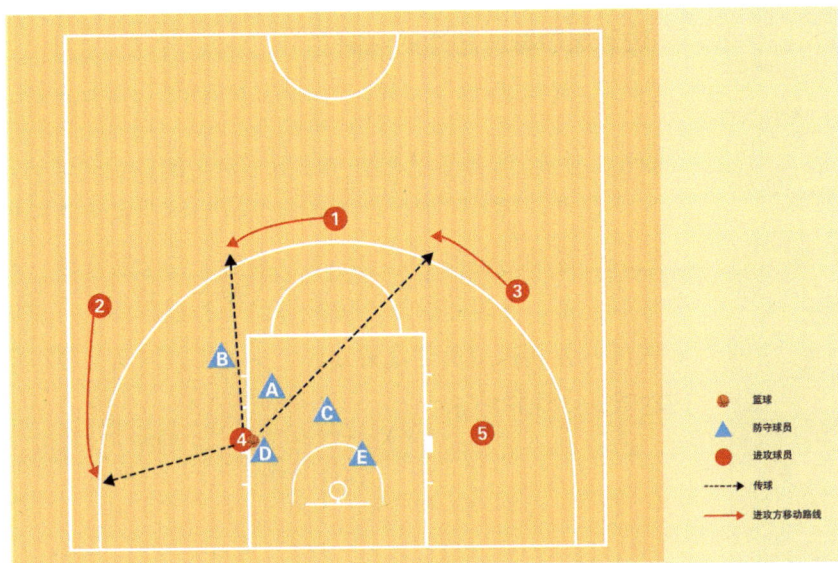

篮球
防守球员
进攻球员
传球
进攻方移动路线

注意事项！

· 内线球员的注意事项：内线球员向外线传球时，可以先用暗号向外线球员暗示自己的传球方向。此外，可以通过传球假动作、肢体假动作的方式，避免传球被拦截。

· 外线球员的注意事项：外线球员向低位球员传球时，要从远离防守球员的位置传球；而准备接球时，要先注意内线球员的暗号，然后移动到不容易被防守球员抢断的位置，其他外线球员也可以一起移动，迷惑防守球员。接来自内线的传球时，身体正面朝向篮筐，这样接球后方便直接投篮。

练习 44

活用低位动作的底线区域移动方法

难度等级
★ ★ ★

战术详解

　　如果位于低位的球员成功接到传球，那他便很容易进球得分。不过这时防守球员也会重点对低位球员进行防守，所以其他球员要结合情况进行配合，为低位球员争取 1 对 1 的可能。

　　图 a： 低位球员通过与防守球员 1 对 1 的方式突破防守并得分的成功率比较高，所以位于边线附近的持球球员将球传向低位后，迅速向对侧篮下方向移动，准备卡位抢篮板球。不过需要注意的是，在防守球员 A 追赶球员 1 的过程中，可能会与防守球员 B 对持球球员 2 设置双人包夹，所以球员 2 要提前做好应对准备，保护好球。

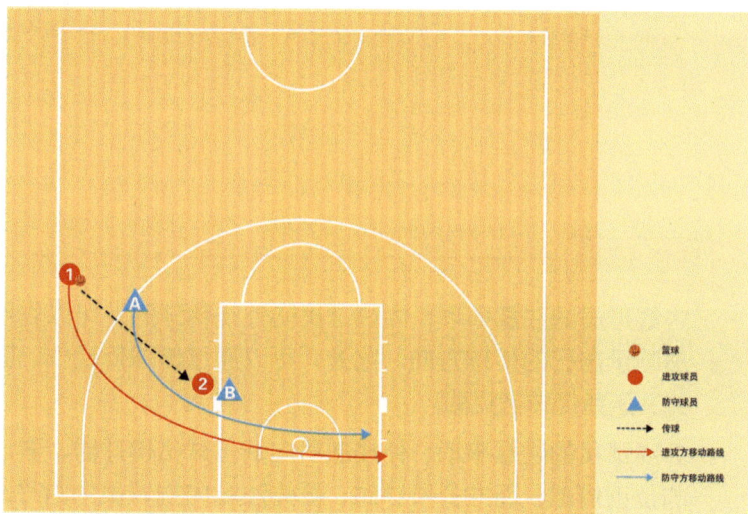

- 🏀 篮球
- 🔴 进攻球员
- 🔺 防守球员
- ◄---► 传球
- ——► 进攻方移动路线
- ——► 防守方移动路线

指导建议

　　位于低位的球员应是具有较强 1 对 1 水平的球员，能顺利突破防守，投篮得分。此外，要灵活运用回传球与复位传球，尽量避免持球球员被防守球员包夹。

　　图 b：　位于边线附近的持球球员 1 将球传向低位后，可以为位于弧顶附近的球员 3 设立掩护，让球员 3 可以移动到侧翼区域，这样便只有防守球员 B 对持球球员 2 进行防守。如果防守球员 A 或球员 C 去低位协防，那便有一名球员处在无人盯防的状态，持球球员可以传球给该队友。

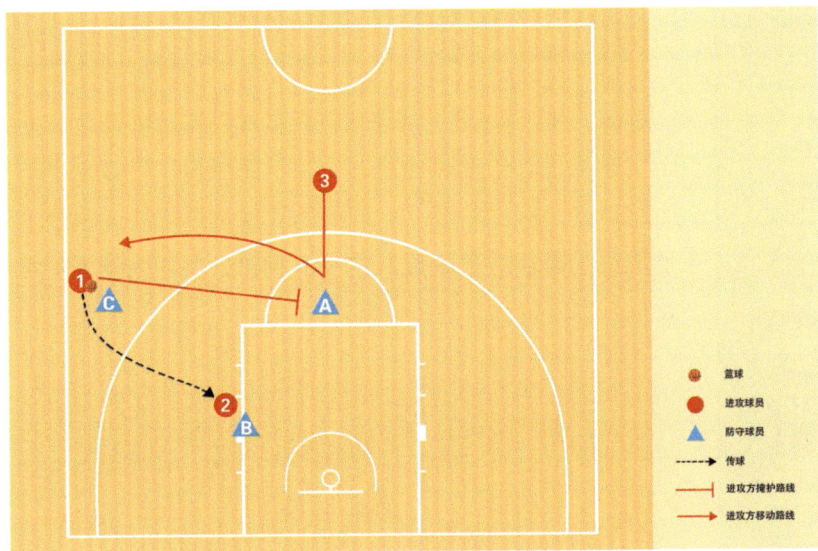

　　图 c：　位于边线附近的持球球员 1 将球传向低位后，如果球员 A 过去协防，那球员 1 可以向底角移动，球员 2 将球回传给球员 1。如果球员 A 继续向底角移动以防守球员 1，那球员 1 可以复位传球，再次将球传给球员 2。

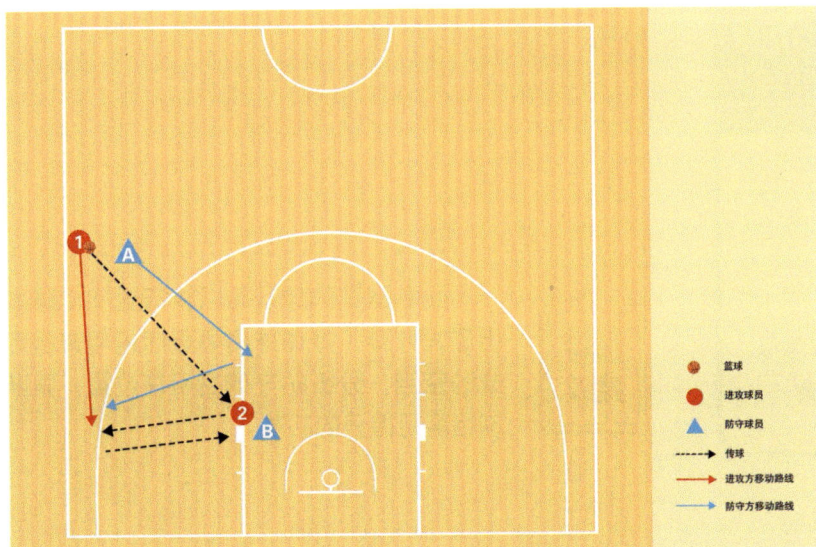

练习 45

使用行进间传球制造投篮机会

　　行进间传球是基本的配合技术，既可以让持球球员运球移动，也可以让队友跑到合适的位置接球。如果熟练运用，那对团队进攻十分有利。

图 a：持球球员 1 从弧顶附近向边线附近传球后，此时如果防守球员没有占领最佳防守位置，那球员 1 可以从防守球员 A 面前穿过，前切到篮下；如果防守球员位于靠近边线的位置，那球员 1 需从防守球员 A 的背后穿过，后切到篮下。然后接到球员 2 的回传球，进行投篮。

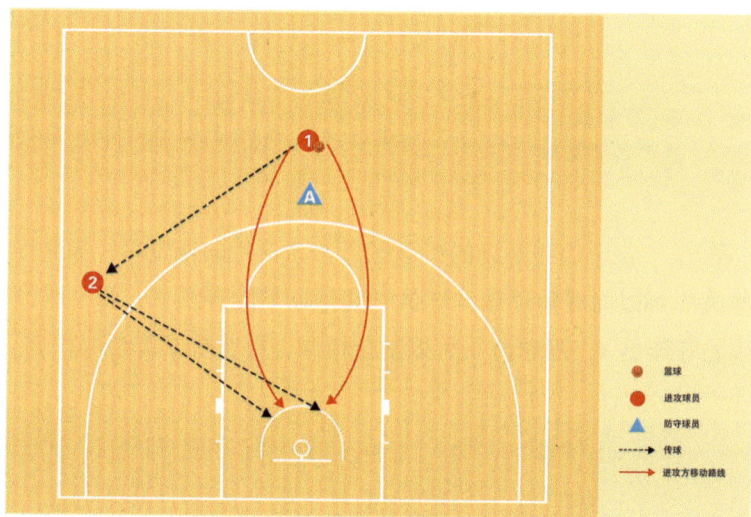

篮球
进攻球员
防守球员
传球
进攻方移动路线

指导建议

　　配合默契的球队可以将行进间传球发挥出最大效果，持球球员要灵活运用奔跑后形成的空当，分析防守球员所在位置，果断传球给容易得分的队友。

难度等级
★★☆

图 b：进行回传球时，有三种不同的传出路线。持球球员 1 可以越过防守球员 A 靠中线一侧传球给球员 4；也可以使用击地传球，使球从防守球员 A 靠近边线的一侧穿过，传给球员 3；还可以直接面向球员 2，高抛篮球，使球从防守球员 A 头顶经过，传给球员 2。

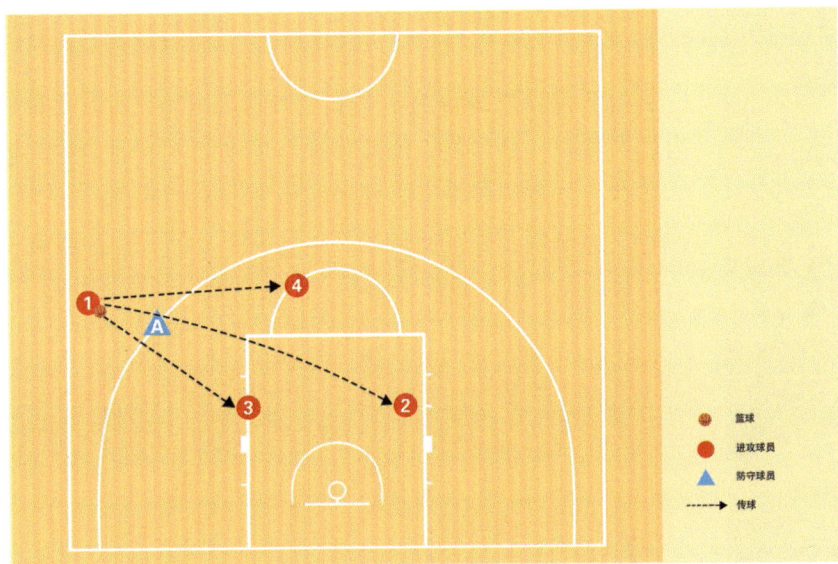

注意事项！

- 内线球员的注意事项：在外线球员向篮下切入时，内线球员不要站在外线球员的切入路线上，要迅速为队友让出空间。

- 外线球员的注意事项：外线球员传球后，防守球员可能会向后退，对行进间传球进行针对防守。这时，外线球员用较慢的速度缩短与防守球员的距离后，立即加速，以突破防守，并移动到合适的位置。如果在图 b 中球员 4 的位置接球，则上篮；如果在球员 3 的位置接球，则从低位展开 1 对 1 进攻；如果在球员 2 的位置接球，则可以直接投篮。

练习 46

了解突破分球的基本组合

难度等级
★★☆

战术详解

　　突破分球是由运球突破球员吸引其他防守球员过来协防，然后将球传给处在防守薄弱位置的队友的战术。

图 a： 如果持球球员 1 向底线方向运球突破，队友有三种配合的方式。一是球员 2 假装外弹后反跑切入篮下，在篮筐正前方接球；二是位于侧翼区域的球员 3 向低位区域移动，然后在低位区域接球；三是球员 4 向侧翼附近移动，到达球员 1 之前的位置接球。队友接到传球后，伺机投篮、运球或传球。

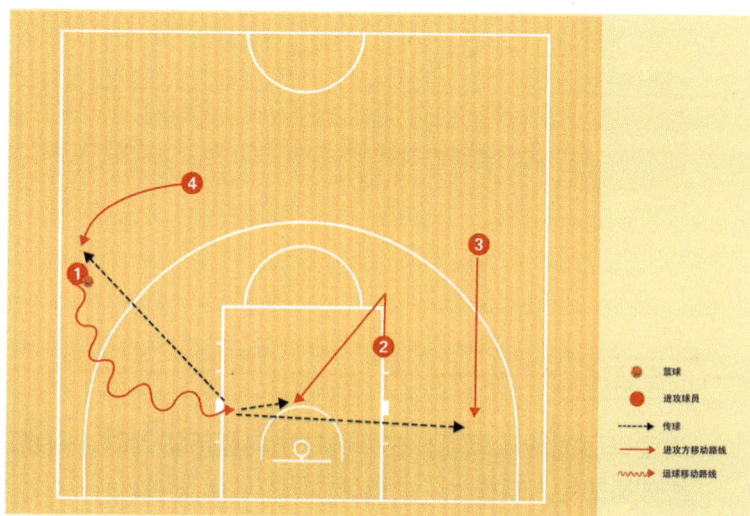

- 篮球
- 进攻球员
- 传球
- 进攻方移动路线
- 运球移动路线

指导建议

　　在正确的时机执行运球突破是成功的关键。一般情况下，球员双手交替运球两到三次后，就是执行突破运球的最佳时机。

图 b：　如果持球球员 1 向篮下进行运球突破，到达低位完成传球后，应该向高位方向移动，同时球员 2 上前补到球员 1 之前的位置上。如果持球球员 3 朝着篮筐的正前方运球突破，完成传球后，应该向底角移动，同时球员 4 上前补到球员 3 之前的位置上。

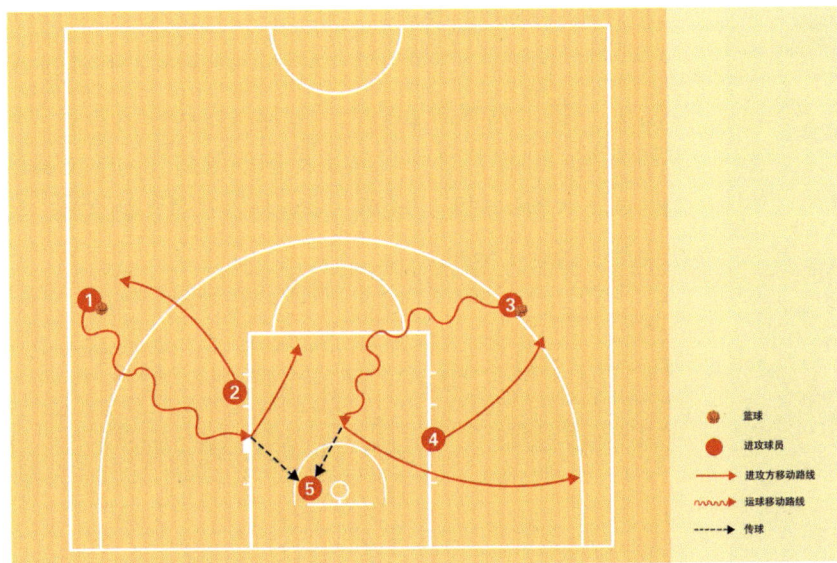

图 c：　如果持球球员 1 从弧顶开始运球，沿边线突破，那么位于低位的球员 2 要向突破方向移动，在球员 1 无法独自完成进攻时，更好地接球员 1 的传球。

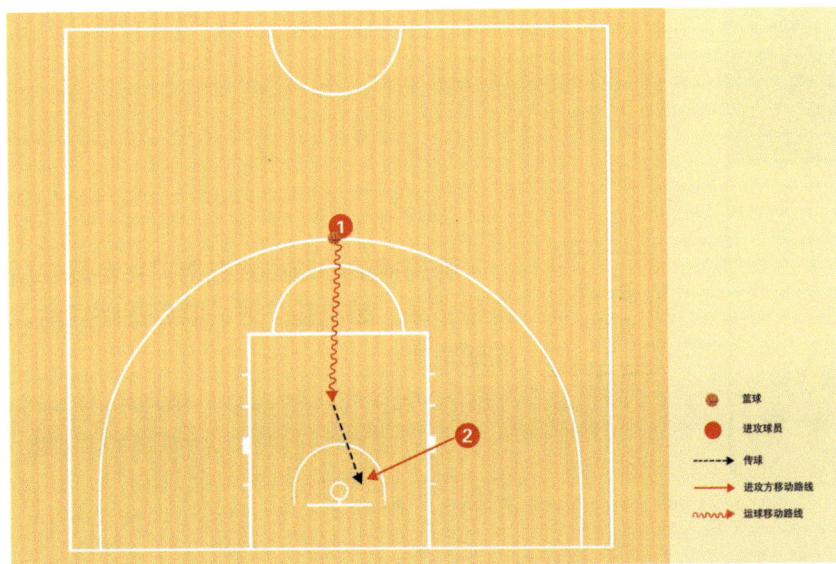

练习 47

使用掩护制造投篮机会

难度等级
★ ★ ★

战术详解

掩护动作可以为球队创造更多得分的机会。在队友的掩护下，球员可以顺利摆脱防守，以在方便展开进攻的位置接到传球。

图 a： 位于侧翼附近的球员 2 向低位移动，对防守球员 C 实行下挡，让球员 3 可以利用掩护摆脱防守，向侧翼区域移动。球员 3 到达侧翼区域后，接到持球球员 1 的传球，然后伺机投篮、运球或传球。

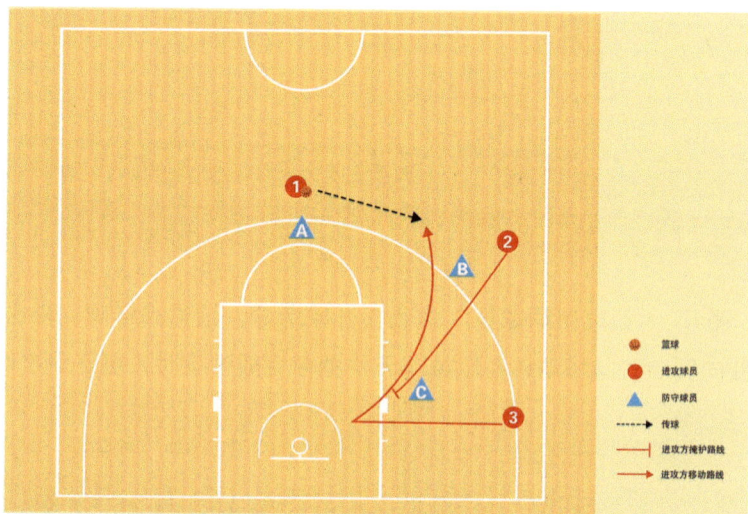

篮球
进攻球员
防守球员
传球
进攻方掩护路线
进攻方移动路线

指导建议　利用掩护的球员要在掩护完全设立后再开始移动；越过掩护时，要尽量缩短两人之间的距离。

图 b： 位于侧翼附近的球员 2 向内线移动，对防守球员 C 实行下挡，如果球员 C 避开了掩护球员，那球员 3 可以围绕掩护球员转半圈，尝试卷切，以甩开防守球员，然后切到禁区内，接到持球球员 1 的传球，伺机投篮、运球或传球。

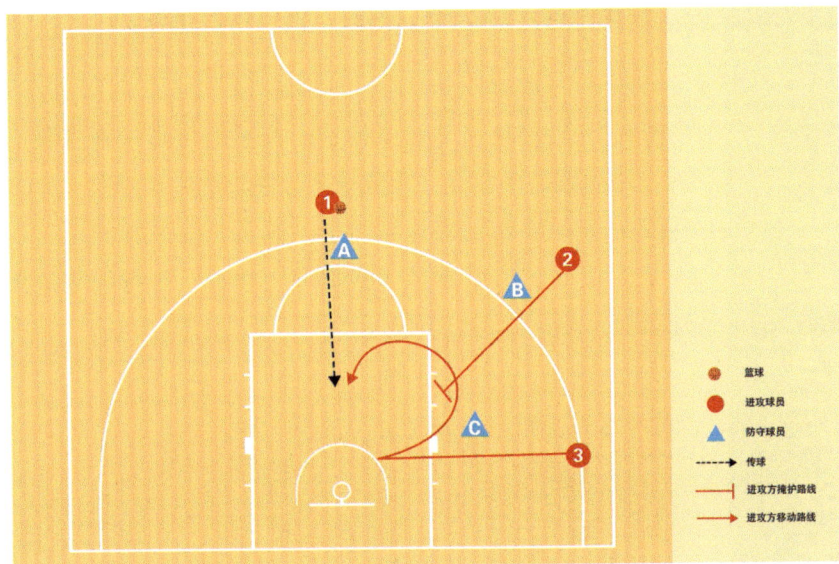

图 c： 位于侧翼附近的球员 2 向低位移动，对防守球员 C 实行下挡，如果球员 C 利用滑行避开掩护，那球员 3 应该通过喇叭切向边线方向移动，然后接到球员 1 的传球。如果防守球员 B 与防守球员 C 换防，那掩护球员 2 可以向篮下移动，接到球员 1 的传球后，伺机投篮、运球或传球。

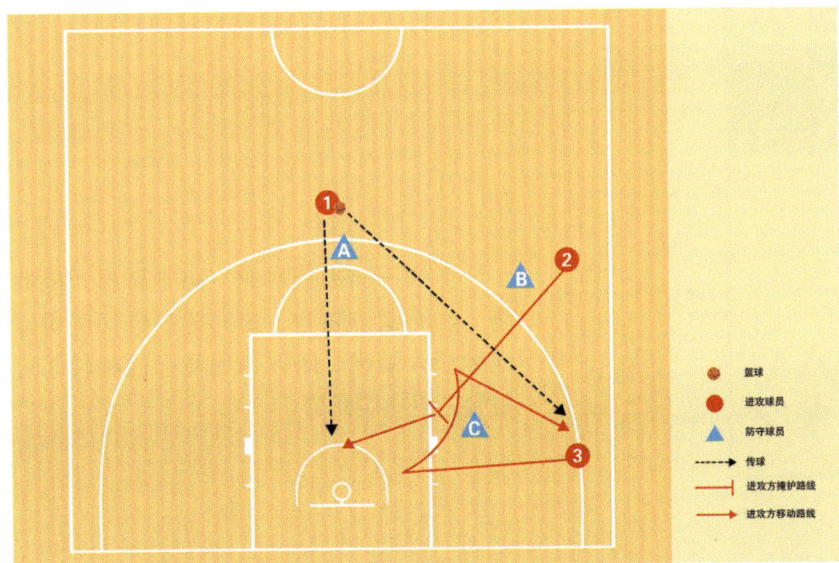

练习 48

使用挡拆战术攻击

战术详解

挡拆战术在比赛中是非常有力的进攻方法。持球球员与掩护球员相互配合，创造得分机会。

图 a：内线球员 2 设立掩护，掩护的位置应在侧翼三分线内，略微偏离限制区，而位于三分线外的持球球员 1 利用掩护摆脱防守，移动到罚球线附近。球员 2 完成掩护后，迅速转身切入篮下。持球球员 1 根据场上情况，选择投篮或传球给球员 2。

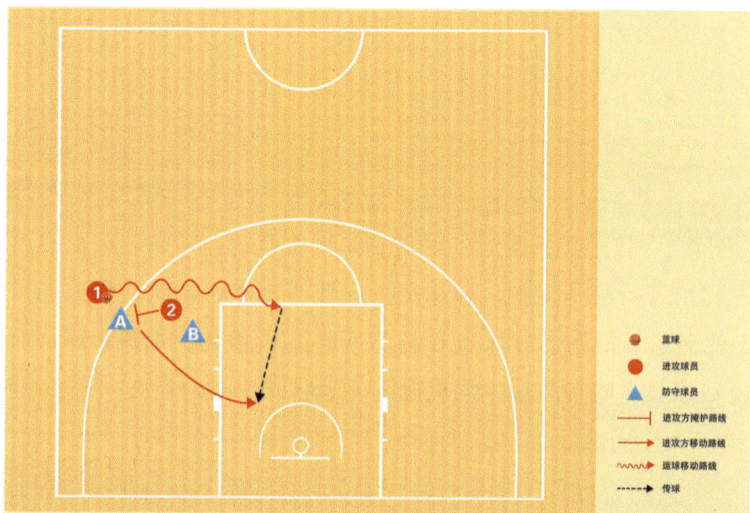

图例
● 篮球
● 进攻球员
▲ 防守球员
⊢ 进攻方掩护路线
→ 进攻方移动路线
⌇⌇ 运球移动路线
⇢ 传球

指导建议

当执行挡拆战术时，防守球员可能会换防，从而错位防守，这时掩护球员便可以轻松地切入禁区。所以球员要抓住错位防守的机会，以摆脱防守。

难度等级
★★☆

图 b：　如果对手防守能力较强，持球球员 1 无法利用掩护摆脱防守，那掩护球员 2 可以通过弧形移动，迅速切入底角以甩开防守者，接到球员 1 的传球后投篮。

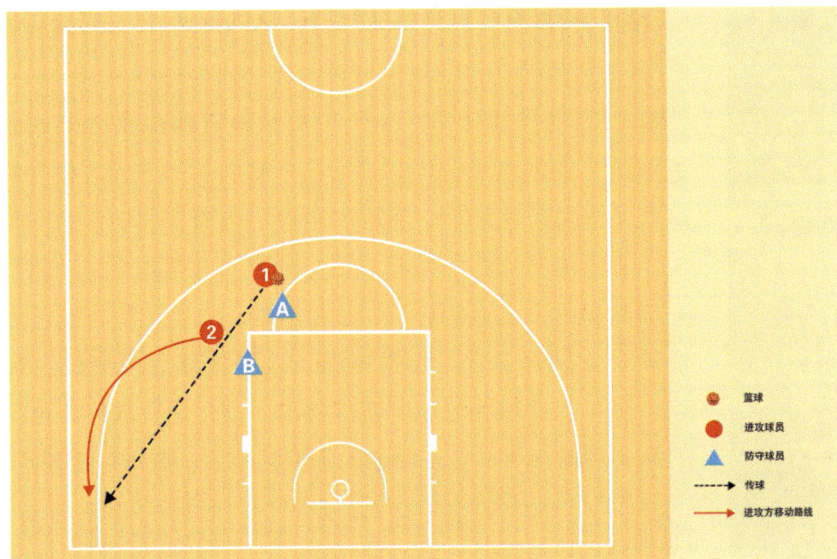

图 c：　当执行挡拆战术时，两名防守球员一起内缩到内线，使持球球员 1 无法移动到内线展开进攻，那掩护球员 2 可以迅速转身向外线移动，以摆脱防守，在三分线外接到球员 1 的传球后投篮。

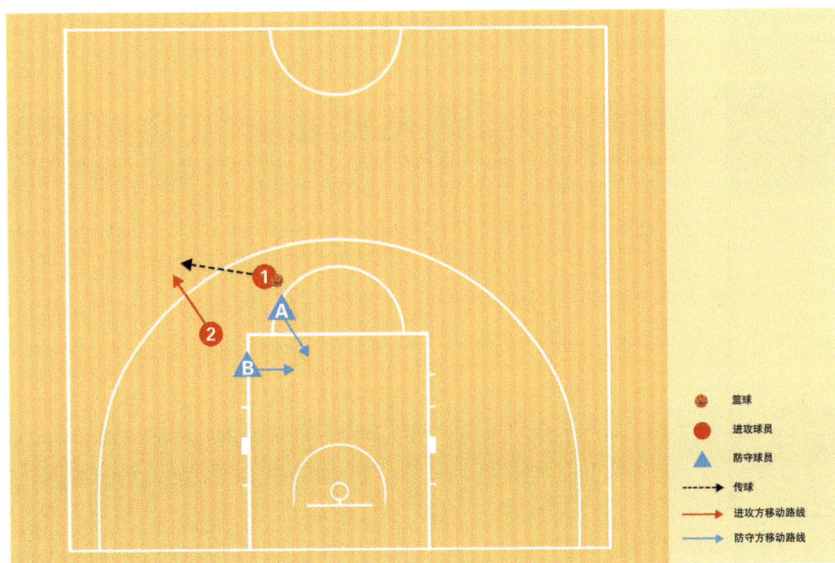

练习 49

用横向掩护制造机会

战术详解

内线球员经常在禁区的左右两边设置横向掩护，帮助其他内线球员接到传球，从而提高进攻的成功率。

图 a： 当持球球员 1 向位于边线附近的球员 2 传球时，靠近球员 2 的低位球员 3 应该为另一侧的球员 4 设立横向掩护。球员 4 先向外线移动，然后利用掩护迅速反向切入另一侧的低位，接到球员 2 的传球后，伺机投篮、运球或传球。球员 3 在完成掩护后，迅速转身，向高位移动，以空出篮下的区域，方便球员 4 展开进攻。如果球员 4 接到传球后没有机会展开进攻，那可以传球给移动到高位的球员 3，之后球员 3 再向内线的队友传球，球员 3 在移动到高位区域后，要做好接球准备。

图例：
- 🔴 篮球
- 🔴 进攻球员
- 🔺 防守球员
- ⇠ 传球
- — 进攻方掩护路线
- → 进攻方移动路线

难度等级
★ ★ ☆

图 b：当球员 3 从低位向对侧高位移动，球员 4 为其设立横向掩护时，如果防守球员换防，那掩护球员 4 应该迅速转身，背对着换防过来的球员 C 并进行压制，用背部挡住防守球员 C 的视线，阻止他的行动，然后举手示意持球球员 2 传球。接到传球后，如果此时篮下无防守球员，球员 4 可以直接投篮。

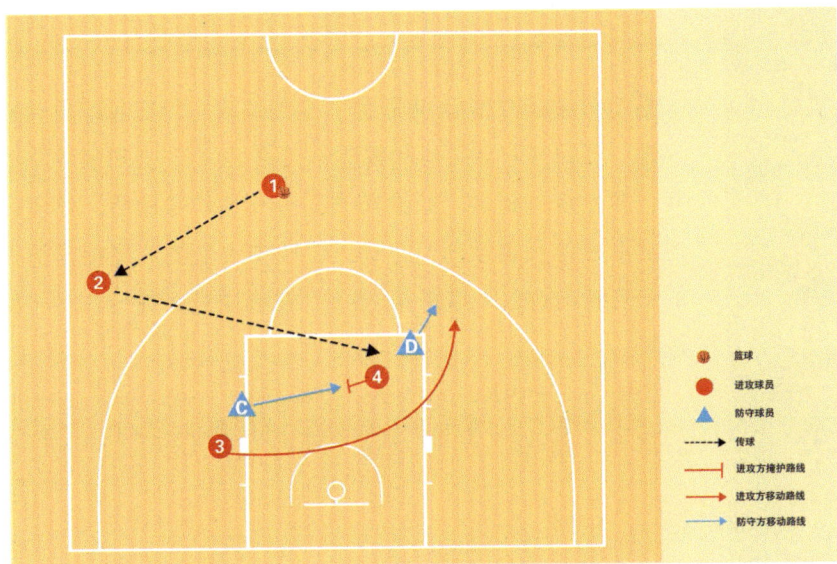

注意事项！

· **内线球员的注意事项：**内线球员在完成掩护后，要立即移动到高位区域，空出篮下区域，为队友与自己留出足够的移动空间。此外，要熟练掌握高低位动作，到达高位后，无论是否会接球，都要先摆好接球姿势，接到来自低位球员的传球后，观察场上情况，向能够展开进攻的内线队友传球。

· **外线球员的注意事项：**外线球员要尽早地将球传到篮下，并且要保证传球路线远离防守球员，防止传球被抢断。

练习 50

直接得分相关的快攻方法

难度等级
★ ★ ☆

战术详解

展开进攻时，如果只是毫无目的地向前场推进，那就难以突破对手防守，无法得分。即使展开快攻，也要制定战术，以创造更多得分机会。

图a：经典的快攻队形为"三线快攻"，三名球员分别在中央道（道路 1）与两条侧翼道（道路 2、3）上向前场移动，寻找以多对少的机会。如果前方只有一名防守球员，那位于侧翼道的两名球员继续向前移动，位于中央道的球员根据防守球员的位置转向肘道（道路 4、5），这样便可以进行 2 对 1 的有效进攻。

指导建议　在三线快攻中，应该将控球技术最好的控球后卫安排在中央道上，将得分后卫与前锋分别安排在两条侧翼道上移动，这样可以更好地创造得分机会。

　　图 b：　如果进攻球员面对的是 2 对 1 的局面，那两人可以沿肘道进攻。球员 1 与球员 2 并排前进，相互传球展开进攻。如果球员 2 到达三分线附近接球后，防守球员 C 上前防守，那球员 2 可以把球传给球员 1，球员 1 接到传球后迅速向篮下运球并投篮。

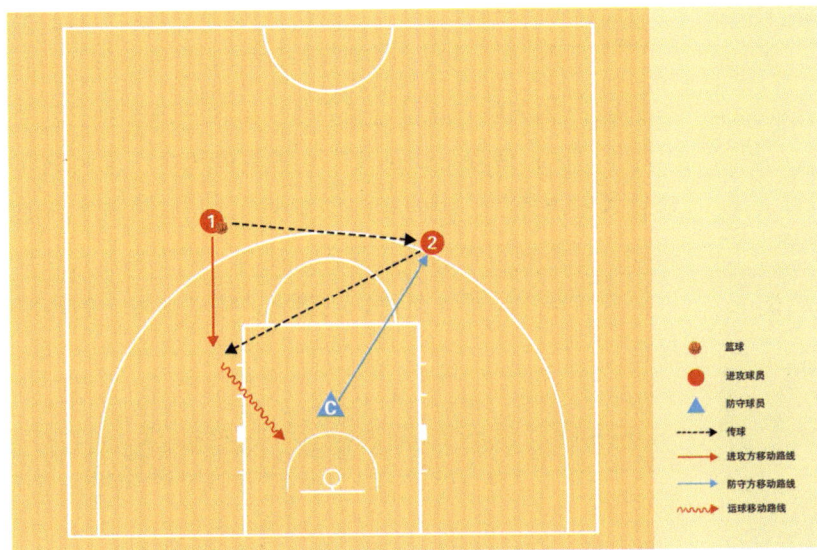

　　图 c：　如果面对的是 3 对 2 的局面，沿中央道前进的持球球员 1 可以向肘道运球，在防守球员 C 追上前将球传给球员 2，球员 2 运球向低位区域移动，在防守球员 D 上前防守前将球传给移动到对侧低位区域的球员 3。

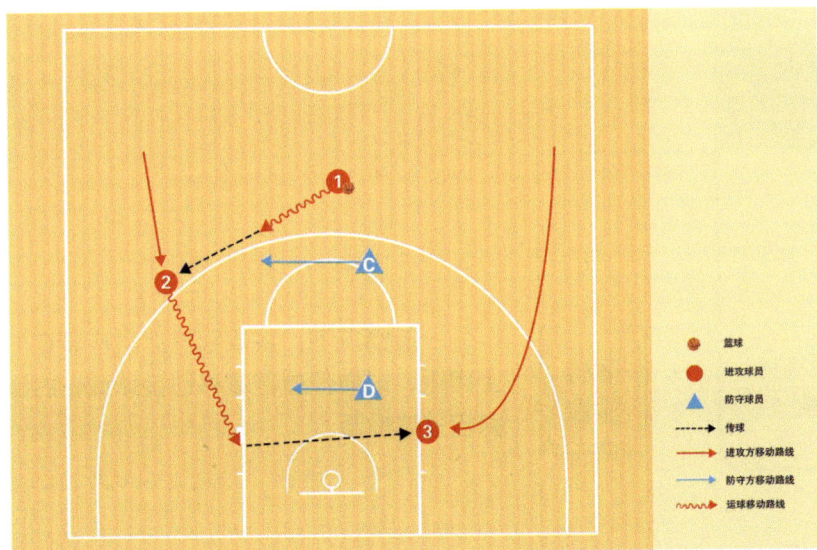

练习 51

使用二次进攻得分的方法

战术详解

在速攻时，如果防守球员快速归位，我方球员找不到投篮的机会，便可以将球传给快攻跟进球员，开始二次进攻。

图a：　如果防守球员迅速归位，对执行进攻的三名球员进行 1 对 1 盯防，使我方球员找不到投篮的机会，这时便可以传球给快攻跟进球员，由他展开二次进攻。持球球员 1 向侧翼方向移动，拉开与防守球员 A 之间的距离，然后将球传给球员 2，同时快攻跟进球员 4 迅速切到篮下，接到球员 2 的传球，进行投篮。

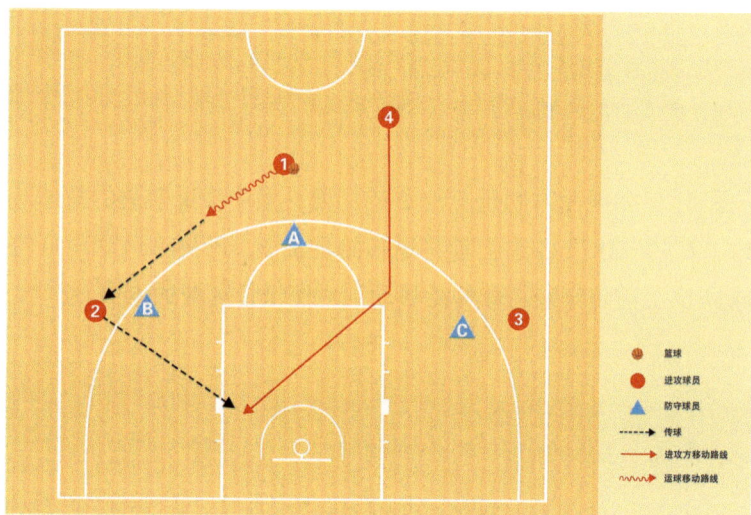

篮球
进攻球员
防守球员
传球
进攻方移动路线
运球移动路线

指导建议　一般情况下，快攻跟进球员应该在肘道上跟进，以向低位区域移动接球或在肘道上直接接球投篮。

难度等级
★★☆

图 b：　二次进攻时，持球球员 1 向侧翼方向移动，防守球员 A 进行跟防，然后可以直接将球传给移动到弧顶附近的快攻跟进球员 4，球员 4 抓住无人防守的机会，投出三分球。

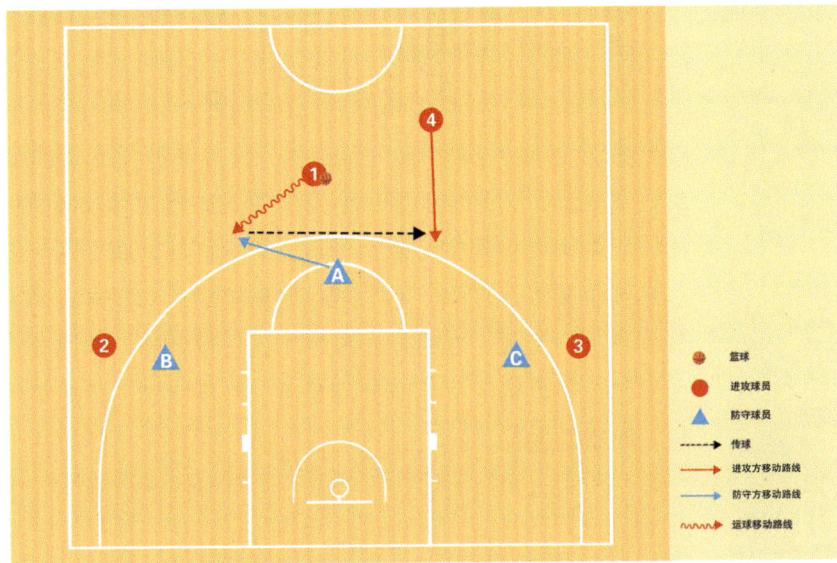

图 c：　持球球员 1 将球传给球员 2 后，球员 3 上前设立掩护，让球员 1 可以利用掩护摆脱防守，移动到对侧低位区域。球员 2 接到传球后，可以继续将球传给快攻跟进球员 5，球员 5 伺机投篮或者将球传给移动到低位的球员 1。

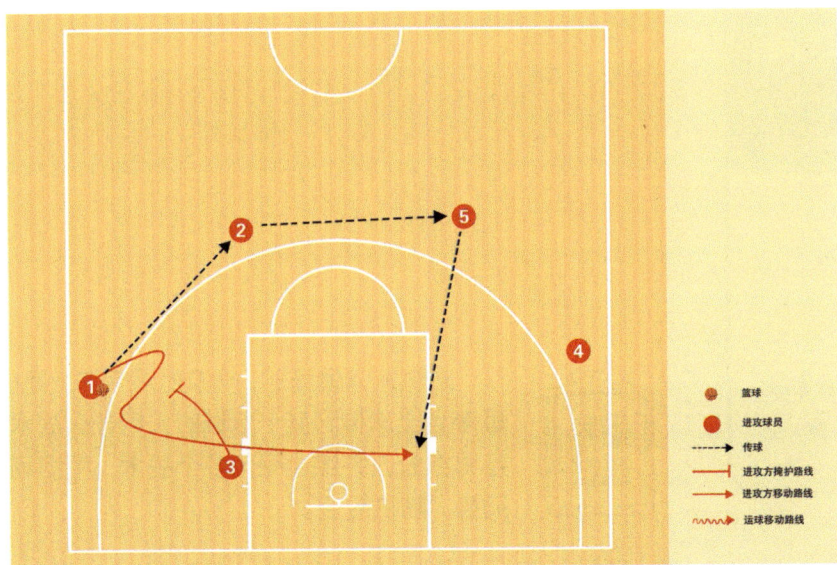

练习 52

发现进攻契机的方法

经过多次传球后仍无法找到进攻的机会时，进入战术是常用的打破进攻僵局的方法。通过战术的灵活切换，寻找得分契机。

图 a：如果多次传球、跑位后，我方球员仍无法找到合适的进攻机会，这时位于弧顶附近的持球球员 1 可以选择将球传给位于两翼或者高位区域的球员，力求之后将球传入底线或实施高低位战术。其中，如果想在侧翼接球，那应该有两名球员分别移动到两翼，在中锋的掩护下，接到传球，即两翼进入；如果想在高位接球，那球员需要通过 V 形空切，从底线切入高位，即高位进入。

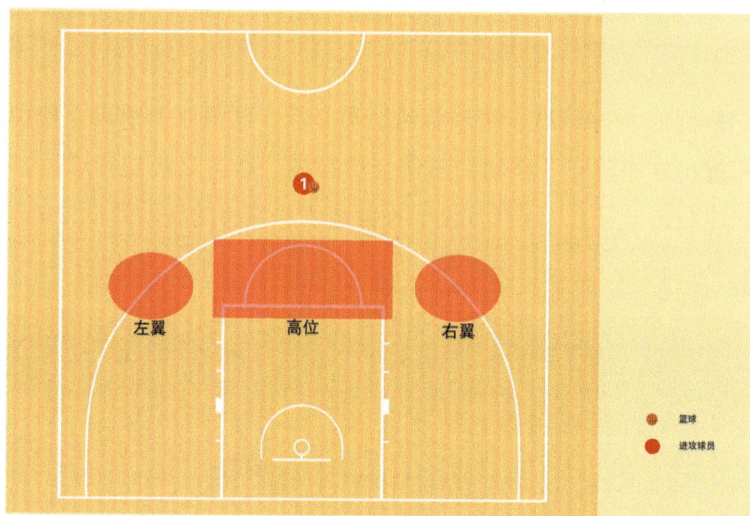

左翼　　　高位　　　右翼

● 篮球
● 进攻球员

指导建议

进攻陷入僵局时，要及时观察场上局势，思考当篮球传到某个区域时，用什么战术更容易得分，并综合采用多个战术，根据场上局势，随机应变。

难度等级
★ ★ ☆

图 b：　如果在侧翼的球员 1 接到了传球，防守球员 C 还未来得及进行协防，那此时的持球球员 1 应该迅速将球传给位于低位区域的球员 2，因为在低位区域展开的进攻较难防守，很容易得分。

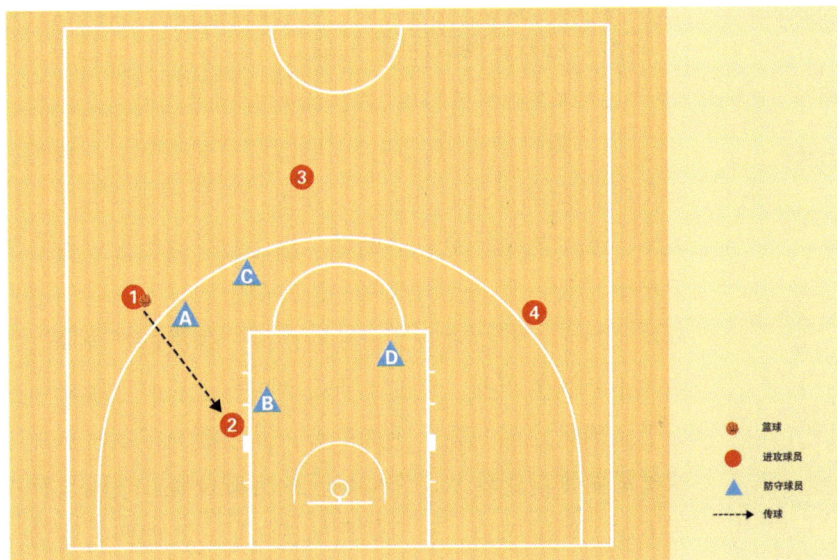

图 c：　如果位于弧顶附近的防守球员 C 向球员 2 所在的位置移动，准备进行协防，那持球球员 1 应该将球传给位于弧顶附近的球员 3，球员 3 再将球传给位于侧翼的球员 4。球员 4 接到传球后，根据场上情况，伺机投篮、运球或传球。

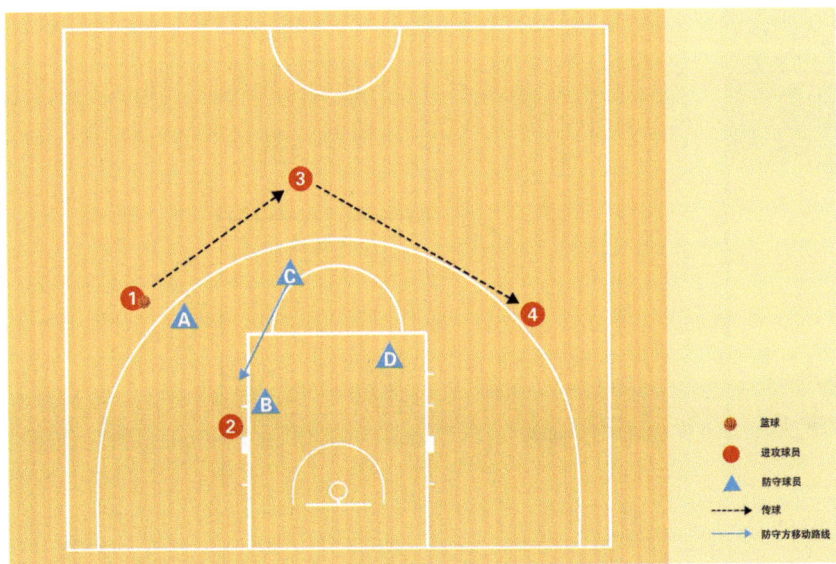

练习 53

利用球员之间的距离创造机会

难度等级
★ ★ ☆

战术详解

当我方球员无法将球传入内线，且强行运球突破容易被协防球员阻止时，可以尝试通过调整球员间的距离，寻找突破防守的机会。

图 a：展开进攻时，球员间的距离至关重要。一般情况下，球员间的距离应控制在 4.5 ~ 6 米，如果小于 4.5 米，传球、运球、战术的执行会变得困难，也让对方球员更容易协防。如果距离过大，那么在传球时，球在空中滞留的时间会延长，更容易被对手抢断或进攻更容易被破坏。球员通常会通过挡拆、掩护不断调整距离，使战术更好地执行，从而更轻松地得分。为了让球员之间的配合更加默契，并且距离控制得更加准确，球员需要提前记住队友在球场上的大概位置。下图是存在一位后卫球员时的站位，后卫球员站在弧顶，其他四名球员分别站在翼部与底角区域。

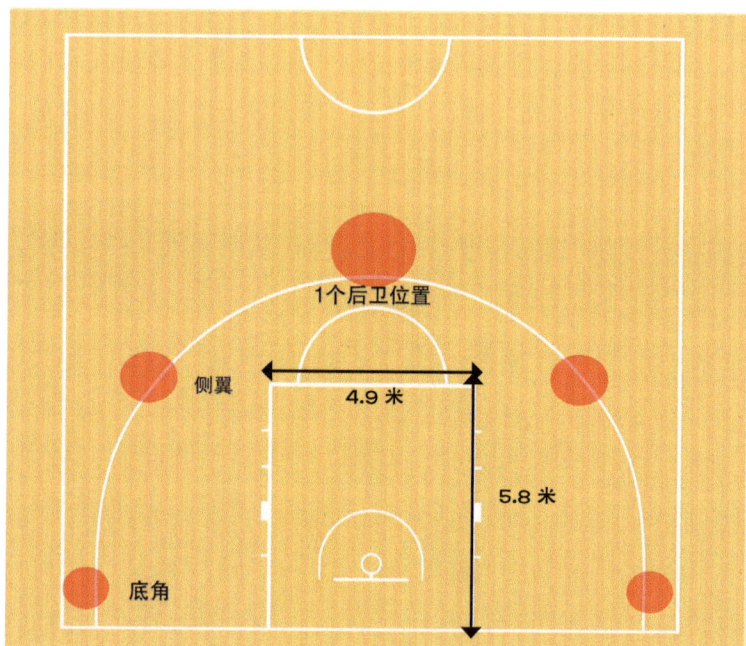

1 个后卫位置

侧翼

4.9 米

5.8 米

底角

图b：　如果我方有两名后卫球员，那他们要分别站在禁区两侧延长线与三分线的交点附近，另外三名球员根据场上情况，选择站在两翼与底角区域。

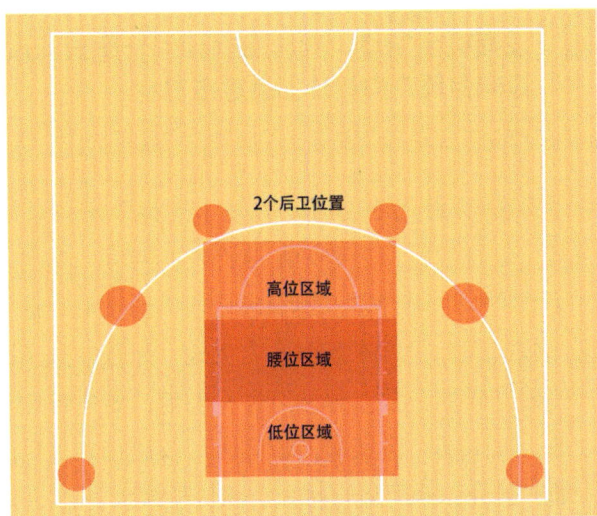

后卫位置：2个后卫位置
高位区域
腰位区域
低位区域

图c：　后卫球员通常是控球、运球以及投篮水平较好的球员。如果后卫球员移动到三分线内，即使我方球员间距保持在 4.5~6 米，后卫球员仍容易被防守球员包夹，所以应将后卫球员安排在外线或离篮筐较远的位置上。

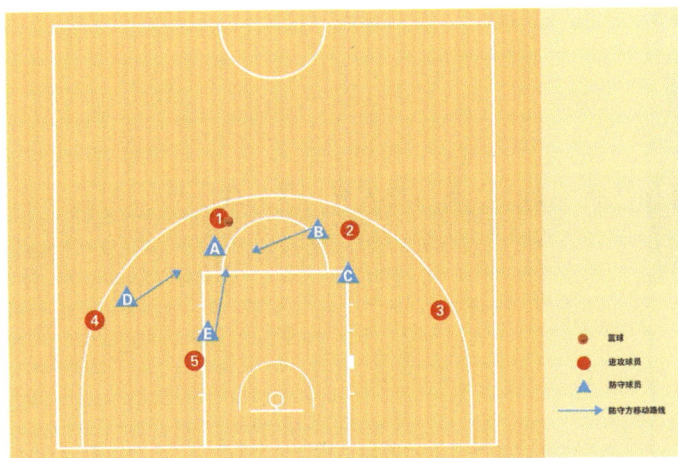

篮球
进攻球员
防守球员
防守方移动路线

指导建议　当对手缩小防守阵型时，我方队员不一定全部要进入内线，可以跑出三分线外，逼迫对手将防守阵型扩大，给内线留出空间，反而可以再通过跑动和掩护等手段寻找进攻机会，反客为主。

反向传球优势

战术详解

如果我方球员在一侧进行了三次以上的传球后还没有机会投篮，此时应换到另一侧重新展开进攻，通过向相反方向传球创造进攻机会。

图 a：团队进攻时，持球球员切忌在一个位置停留过长时间，这样会给对方时间形成严密的防守。如果在球场一侧进行了三次以上的传球，但仍未寻得机会投篮，这说明该侧的防守比较坚固，很难在短时间内突破，那么应该及时传球，到另一侧展开新的进攻。传球至另一侧前，要先将球传至反向传球区域，即下图红色区域，该区域可以让我方之后的传球不易被抢断；此外，也可以选择执行高低位战术。

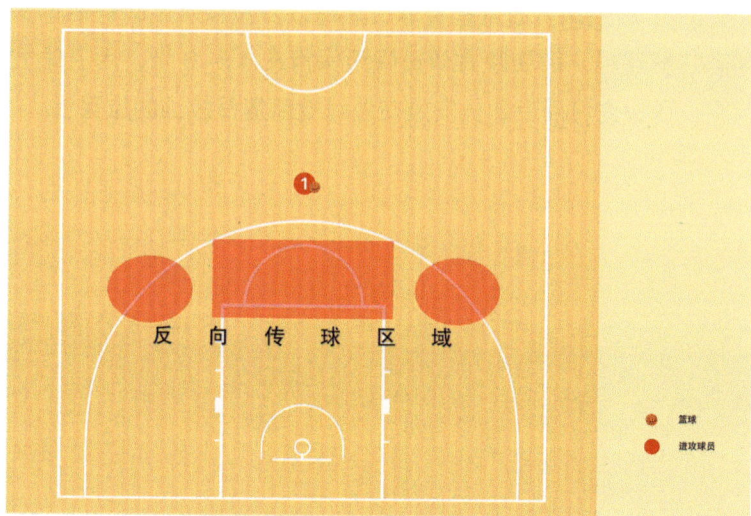

反 向 传 球 区 域

篮球

进攻球员

指导建议

当我方的进攻计划被对手看破，我方球员找不到得分的机会时，应该保持冷静，及时改变策略，寻找对方防守薄弱的位置，重新展开进攻。

难度等级

★ ★ ☆

图 b：　如果我方球员在反向传球区域接到传球，那此时的持球球员 1 便可以将球传给球员 3，球员 3 再将球传给球员 4，以完成两侧交换。

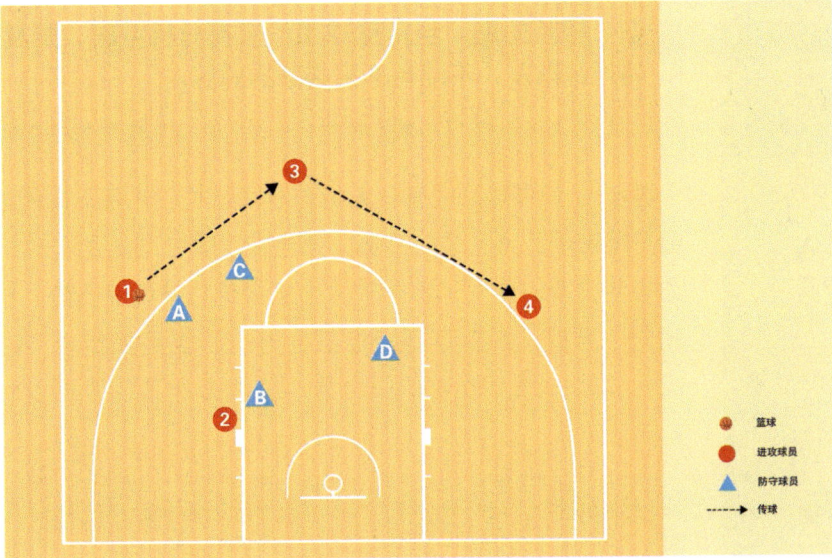

图例：
- 🏀 篮球
- 🔴 进攻球员
- 🔺 防守球员
- ----▶ 传球

练习 55

成为善于传球的球员

战术详解

篮球是一项团体运动，这就要求球员要有合作意识，相互协助。当持球球员没有得分机会时，要及时传球给队友，不能有不肯传球的思想。

图 a：　如果球队中有一人持球时间过长，并且不肯传球，那会严重影响我方的进攻节奏，还会减少我方球员的进攻机会。如果我方及时传球，那防守方会根据传球来调整姿势、位置与朝向。所以，在找不到投篮机会时，可以反复传球，让一位或多位防守球员改变防守位置，使我方球员获得更多的进攻空间。

- 篮球
- 进攻球员
- 防守球员
- 传球
- 防守方移动路线

指导建议　一般情况下，球员的持球时间不应该超过两秒，运球也不要持续两秒以上，以便一直保持动态，不断制造进攻机会。此外，非持球球员也不要在同一位置停留两秒以上，这会给对手防守的时间。

图b：如果我方球员进行跑位移动，防守球员往往也要随之移动，进行跟防。所以，当非持球球员移动时，防守球员一样会调整位置，从而打乱原本的防守队形，使我方能够轻松地破解对方的防守战术，大大提高我方进攻的成功率。

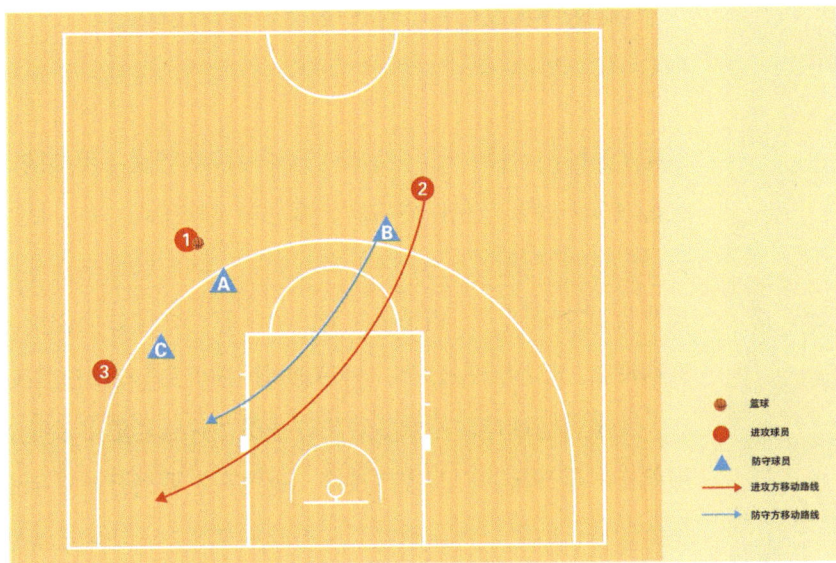

🏀	篮球
🔴	进攻球员
🔺	防守球员
→	进攻方移动路线
→	防守方移动路线

注意事项！

· **内线球员的注意事项**：进攻时，重要的是迫使防守球员移动，为持球球员创造投篮的机会。通过传球让队友获得空位，这是内线球员应具备的基本技能。

· **外线球员的注意事项**：持球与运球都有"两秒规则"。如果我方使用了以行进间传球为中心的进攻战术，那运球与持球的时间都应该尽量缩短，在接到球调整完姿势后，便可以立即传球。但如果我方使用以掩护为中心的进攻战术，持球时间可以超过两秒，因为利用掩护摆脱防守后，持球球员便处在无人盯防的状态，持球球员应该充分利用这段时间，根据场上局势展开进攻。

练习 56

从容不迫地应对紧逼防守

战术详解

紧逼防守会给我方球员施加很大的精神压力，此时，持球球员更不应该因紧张和惧怕而强行出手，要尽量保持乐观心态，耐心等待对方露出破绽。

具体分析：想要一口气突破对方的紧逼防守是不可能的，所以当面对防守球员严密的防守时，要尽量保持乐观心态。此时，应该给防守球员施加压力，主动寻找对抗，利用转身与两手交替运球来尝试突破防守。持续一段时间后，等对方在体力和精神方面变得疲惫，进而出现破绽时，持球球员抓住机会，立即投篮或传球。

注意，持球球员不要背对防守球员，并且要熟练掌握防止球被抢走的运球技术以及接球技术，避免在拉锯战开始之前便被对手抢走球。此外，还需要提高自己的控球能力，让自己能够自由地控制球的旋转与移动，以及提高带球转身的能力。

指导建议

优秀的运动员要拥有一颗强大的心脏，即乐观的心态、优秀的耐力与冷静面对各类情况的自信。在与防守球员进行拉锯战时，一颗强大的心脏是取得胜利的关键。

难度等级 ★★☆

图 a：我方外线球员如果想移动到内线接球，应该通过尽量多的跑位移动到目标位置，最好是三个以上的连续跑位，并不断地变换方向，成"之"字形移动，增加对方的防守难度，并更多地消耗防守球员的体力，让自己能够顺利摆脱防守，获得投篮的机会。

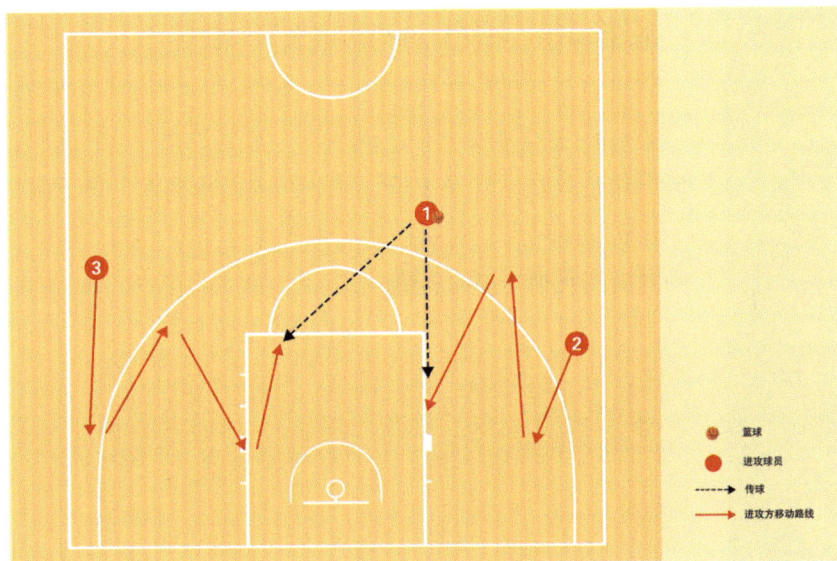

🏀	篮球
🔴	进攻球员
⇠- - -	传球
⟶	进攻方移动路线

注意事项！

· 外线球员的注意事项：如果被来自防守球员的压力影响，就容易脚步虚浮，无法保证自身动作的正确性。不过只要能熟练掌握基本技术，并时刻保持冷静、自信，便能够成功克服压力。位于外线的持球球员可以利用防守球员的反应时间，改变运球节奏，以扰乱防守球员的思路。非持球球员也可以同时通过激烈的进攻迫使防守球员移动，以改变速度和角度的方式来摆脱防守，移动到合适的位置接球。同时，非持球球员和持球球员之间进行的运球掩护也对牵制防守球员非常有效，在合适的时候可以灵活运用。

练习 57

破解区域联防的进攻方法

难度等级
★ ★ ☆

战术详解

应对区域联防，应事先了解破解要点，如通过篮球的变向迫使对方一起移动、在近底角处持球、安排球员占据区域联防后方位置并闪切、持球球员合理运用假动作、与防守球员形成交叉站位等。

图 a：持球球员 4 位于侧翼，与底线球员 1、肘区球员 2 构成三角进攻区，这是破解区域联防的基本战术，加上后卫球员 3 形成以多对少，既能达到吸引对手球员的目的，还能在小空间内提高互相掩护的质量。

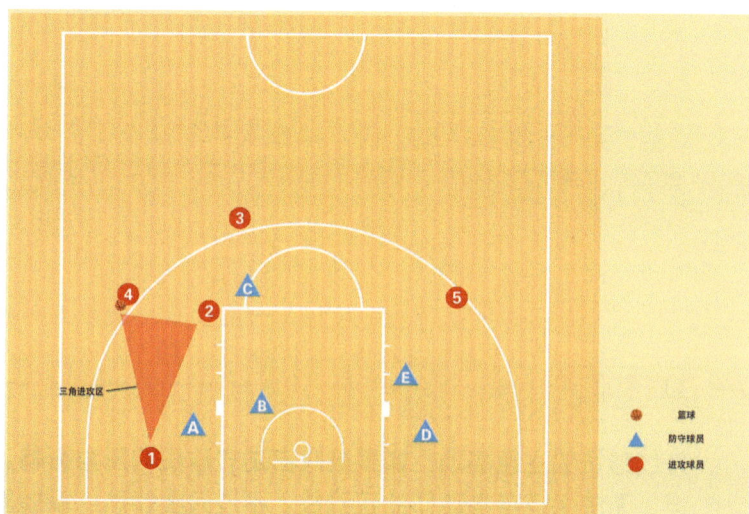

三角进攻区

● 篮球
▲ 防守球员
● 进攻球员

注意事项！

·内线球员的注意事项：在投篮中距离区域和禁区内尽可能提高自己的投篮命中率。所以，要增加在该区域内日常投篮练习，同时提高身体对抗能力。

图 b：　如果通过三角进攻区和以多对少未能破解区域联防，可以通过在禁区交叉移动形成新的三角进攻区。首先持球球员 1 位于侧翼，与底线球员 4、高位球员 5 构成三角进攻区，而后球员 4 移动至对侧高位，球员 5 移动至对侧底线区域，同时球员 1 通过在弧顶附近的球员 2 将球传于另一侧翼的球员 3，球员 3、球员 4、球员 5 形成新的三角进攻区，加上球员 2 构成以多对少。

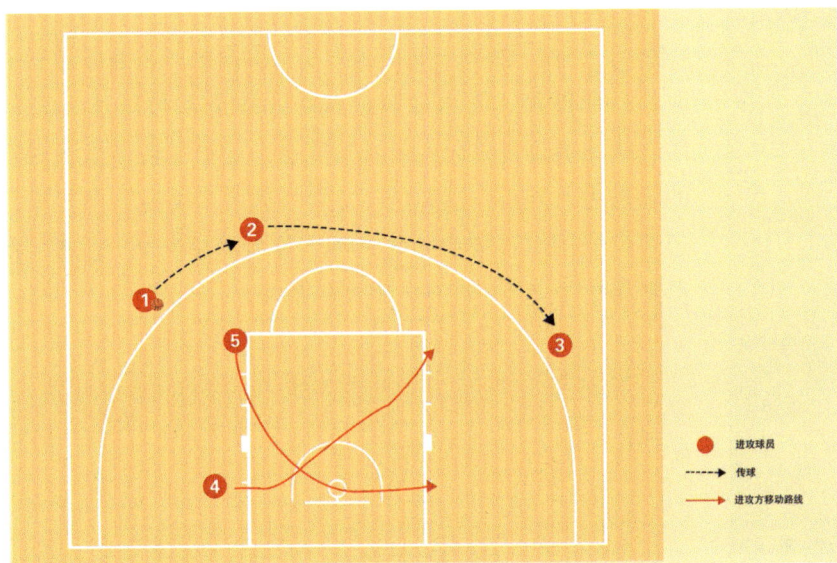

进攻球员
传球
进攻方移动路线

注意事项！

· 外线球员的注意事项：在三分线外与内线球员形成以多对少，寻找区域联防的空隙，通过传球、运球、假动作等方式来突破对方防守。

指导建议　　三角进攻区和以多对少是破解区域联防的基础战术，不需要花哨的动作，快速直接的进攻和高效准确的投篮是最有效的方式，且每次投篮失败后都要尽全力抢到前场篮板。

练习 58

能应对任何队形的区域紧逼的突破方法

难度等级
★ ★ ☆

战术详解

防守球队区域紧逼的队形多种多样，下面介绍一种突破方法，那就是持球球员在遇到防守球员设置的陷阱后，通过背后反转传球来突破防守。

图a：防守球员一般在认为我方要投篮时设置区域紧逼，这时，持球球员 1 可以故意进入防守球员 A 与球员 B 设置的陷阱，让球员 2 处在无人盯防的状态。球员 1 应该以背对着篮筐的状态进入陷阱，然后跨步急停，假装向中线方向传球，然后迅速完成 180 度转身，将球传给背后的球员 2。注意，持球球员要将球传至位于罚球线附近的队友。

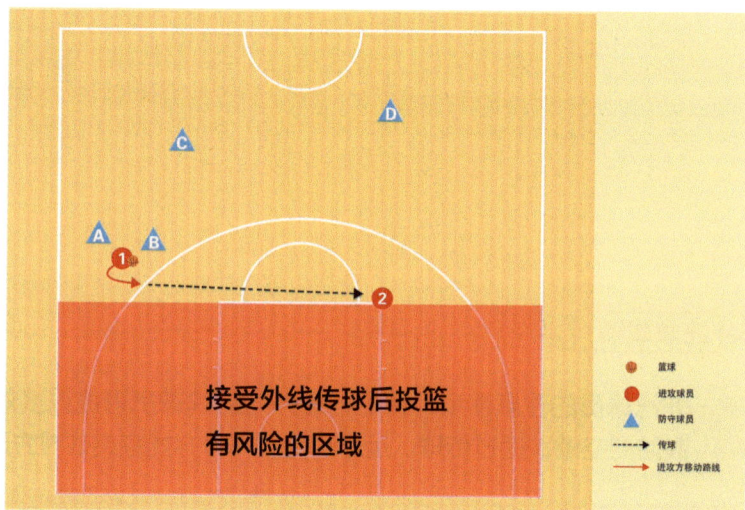

接受外线传球后投篮有风险的区域

篮球
进攻球员
防守球员
传球
进攻方移动路线

指导建议　在防守球员设置区域紧逼时，要保证我方有一名球员无人盯防，可以自由移动。此外，持球球员不能将球传至底线附近，因为不能保证有足够的空间完成向后方传球。

图 b： 球员 2 接到持球球员的背后反转传球后，向三分线外移动，传球给能够自由接球的队友，以突破区域紧逼。同时，球员 1 要向篮筐方向移动 1 到 2 步，以便没有队友可以自由接球时，球员 2 能够完成背后反转传球。

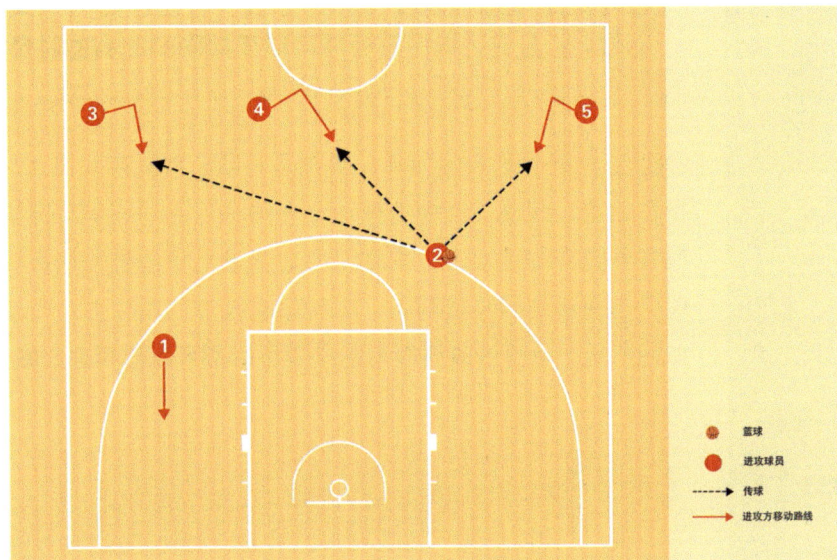

图 c： 如果在边线附近的球员 1 接球，那球员 2 与球员 3 需要沿三分线线切入，球员 1 既可以传球给球员 2 或球员 3，也可以将球传给移动到弧顶的队友。如果球员 2 接球，球员 1 与球员 3 要沿边线向底角切入。

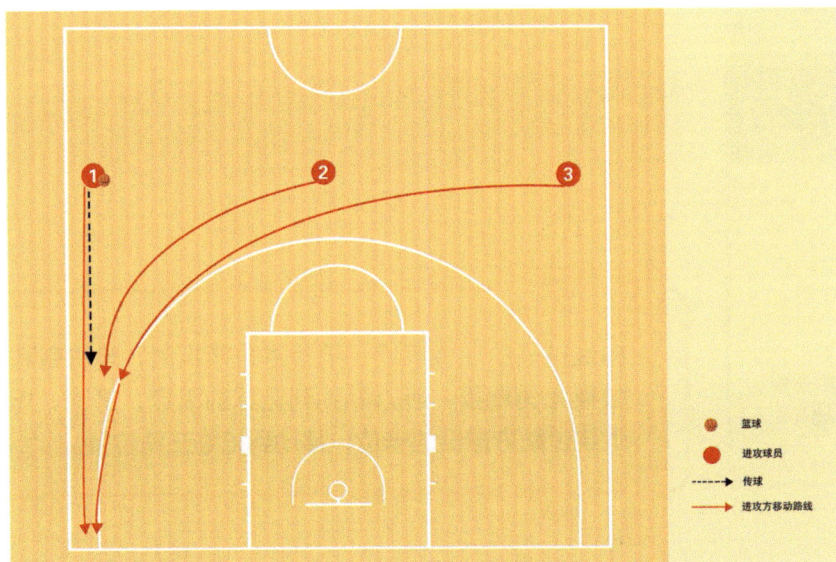

练习 59

争抢进攻篮板的方法

难度等级
★★☆

战术详解

投篮结束不意味着进攻结束，如果投篮失败，此时夺取进攻篮板就变得尤为重要。在临近比赛结束的时候，能否成功抢得篮板球可以直接影响比赛的胜负。

图 a：篮板球看似简单，实则是一项非常复杂的技术，它由抢占位置、起跳、空中抢球动作和得球后的动作等环节组成。在条件允许的情况下，安排三名球员参与争抢进攻篮板。三名球员迅速移动到篮筐附近，分别站在抢夺三角位置进行卡位，如图所示，争抢进攻篮板与防守篮板时都可以使用这个站位。

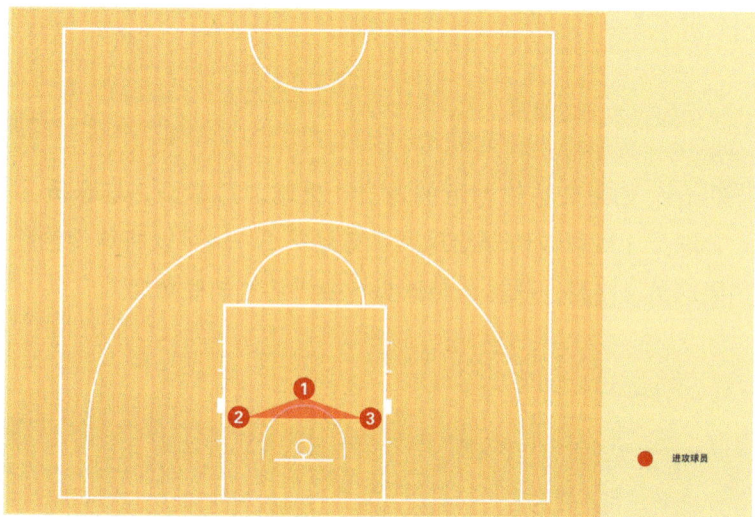

● 进攻球员

注意事项！

· 内线球员的注意事项：抢争进攻篮板时，抢占有利的位置尤为重要，所以要预判篮球的落点，迅速、巧妙地绕过防守球员的卡位，移动到抢夺三角位置。

图b：不参与争抢篮板球的两名球员作为半场篮板球员与留守后卫，分别站在罚球线附近与弧顶附近。半场篮板球员要注意篮板球，如果篮板球未落到篮下而是弹向远处，半场篮板球员要迅速预判落点并前去接球。当对手抢得篮板球时，那留守后卫就要阻止对手展开快攻，尤其要阻止无人盯防的对方球员上篮。

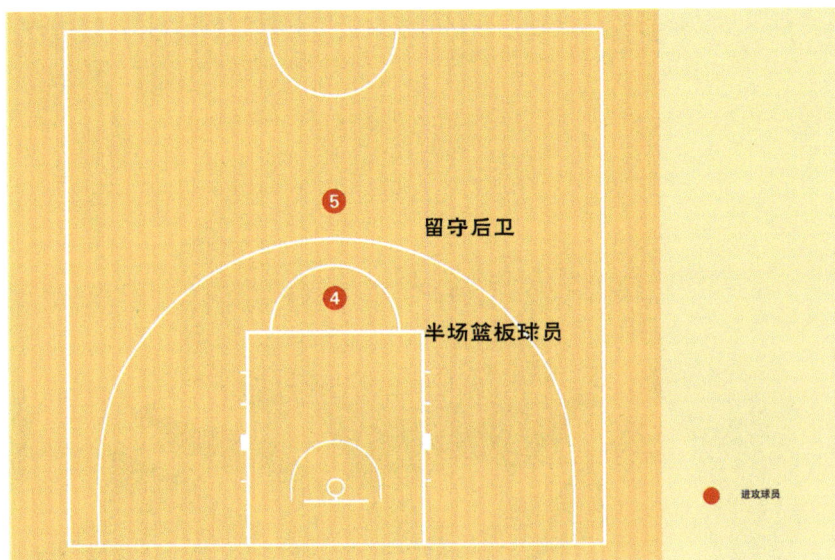

留守后卫

半场篮板球员

● 进攻球员

注意事项！

· 外线球员的注意事项：即使离篮筐较远，当我方在篮下处在劣势时，也要在判断投篮失败后迅速争抢进攻篮板，取得球权。

指导建议

在抢到篮板球后，持球球员可以直接投篮。如果对手已经过来防守，那持球球员应该迅速将球向外线传去，重新组织进攻。

第二部分

防守篇

第四章

防守战术基础配合

战术详解

关门配合是由两名邻近的防守球员相互靠拢，一起对运球突破球员进行防守的一种配合方法，其可以有效阻断对手的运球及传球路线。

关
门
配
合

图a： 如果持球球员1想要从正面突破球员A的防守，那距离球员A最近的球员C应该迅速跑到球员A附近，两人相互靠拢，形成关门配合，挡在球员1的运球路线上，对球员1的突破进行防守。球员A在防守时，要事先观察队友的位置，采取偏向队友一侧的防守，迫使球员1向球员C的方向运球，方便球员C上前与自己进行关门配合。

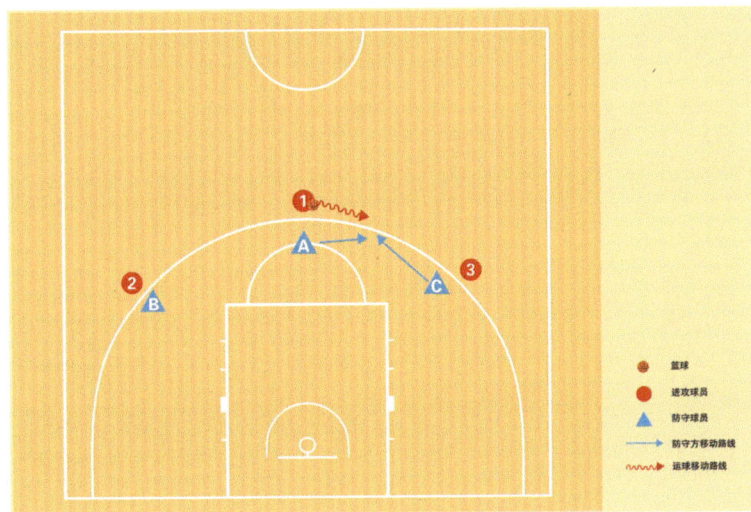

篮球
进攻球员
防守球员
防守方移动路线
运球移动路线

难度等级

★ ☆ ☆

指导建议

进行关门配合的两人，需要行动统一、配合默契，且两人之间的距离不得过大，以免给进攻球员留出通过的空隙。球员C在完成关门配合后或持球球员将球传给球员3时，要及时回防。

挤过配合

练习 61

战术详解

挤过配合可以帮助我方球员破解进攻球员设立的掩护，是由防守球员从两名进攻球员之间挤过去，然后继续防守自己的对手的配合方法。

图 a：球员 A 在发现持球球员 1 将球传给球员 2 后，有为球员 3 设立掩护的迹象时，要及时提醒防守球员 3 的球员 C 注意对手的掩护配合。球员 C 要抢在球员 1 设立掩护之前，跨步挤到球员 1 和球员 3 中间，以继续防守球员 3。

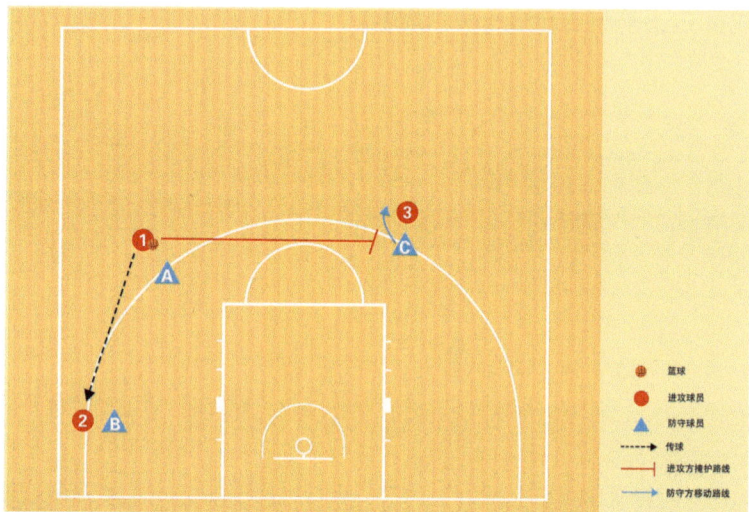

- 篮球
- 进攻球员
- 防守球员
- 传球
- 进攻方掩护路线
- 防守方移动路线

难度等级
★ ☆ ☆

指导建议

防守球员在挤到两名对手之间时，要贴紧准备设立掩护的球员，上前抢步的动作要迅速、及时，挤过动作要正确、合理，以免造成犯规，且要注意与队友之间的配合。

战术详解

穿过配合能够非常有效地破坏对手设立的掩护配合。防守掩护球员的球员需要从掩护球员与自己队友之间穿过，达到继续防守掩护球员的目的。

图 a： 如果持球球员 1 将球传给球员 3 后，绕过球员 A 准备为球员 2 设立掩护，那球员 A 要及时提醒球员 B。在球员 1 掩护设立完成前的一刻，球员 B 避开掩护球员 1 并主动后撤一步，使球员 A 可以从两人中间穿过，以继续防守球员 1；而球员 B 之后要快速回防，继续防守球员 2。

穿过配合

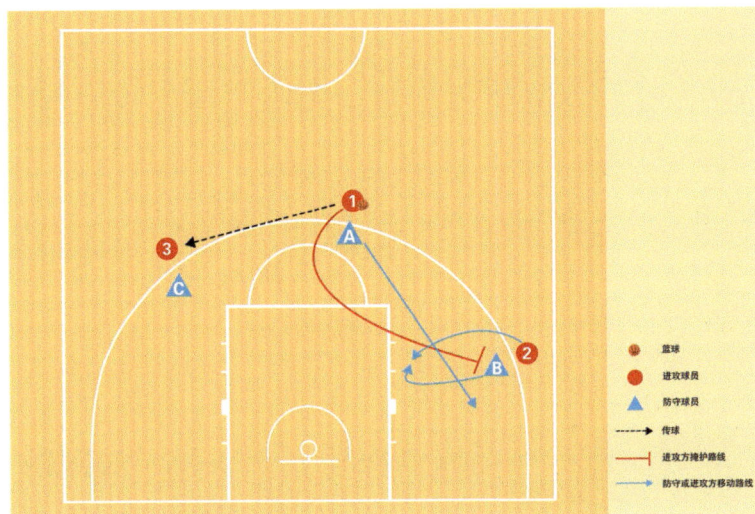

⬤	篮球
⬤	进攻球员
▲	防守球员
---►	传球
—⊢	进攻方掩护路线
～►	防守或进攻方移动路线

难度等级

★ ☆ ☆

指导建议

球员 B 要抓住掩护设立完成前的瞬间，绕过掩护球员为队友让出穿过的空间。球员 A 穿过时速度要快，并立即调整防守位置和距离，进行有效防守。

练习 63

交换配合

难度等级
★ ☆ ☆

战术详解

如果进攻方的掩护已经设立完成，那可以通过交换配合，让防守掩护者的球员与防守被掩护者的球员交换防守对象，来破坏对手的掩护配合。

图a：当球员2移动到球员A附近，想为持球球员1设立掩护时，防守球员2的球员B要紧跟对手，同时及时提醒球员A要进行交换配合。在球员2设立掩护完成时，两名防守球员突然换防，变为由球员A防守球员2，由球员B防守越过掩护的持球球员1。

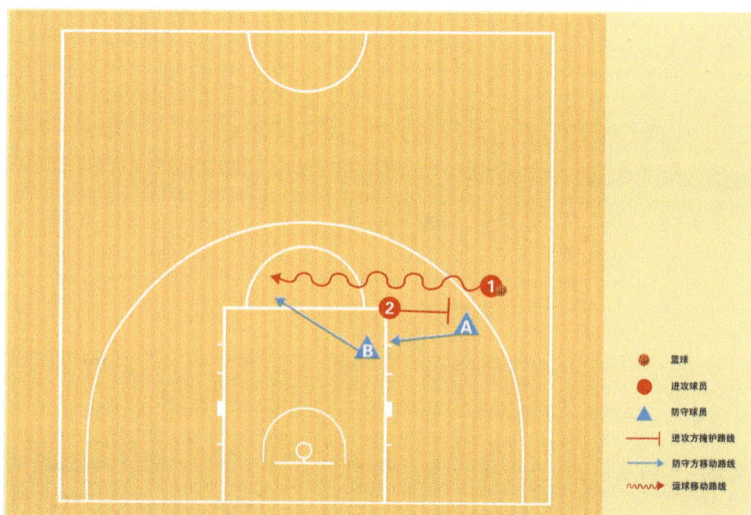

🏀	篮球
🔴	进攻球员
🔺	防守球员
——	进攻方掩护路线
——	防守方移动路线
〜〜	运球移动路线

指导建议

球员A与球员B在换防时，要相互沟通行动要协调统一，并在换防完成后及时调整防守位置，占据有利位置，切忌出现防守空当，给进攻球员可乘之机。

战术详解

夹击配合是一种积极主动、具有强烈攻击性质的防守配合战术，一般由两名防守球员对持球球员进行封堵和围夹配合。

图 a： 如果持球球员 1 将球传给球员 2，球员 2 想要运球切入篮下，这时球员 A 与球员 B 可以运用夹击配合，寻找合适的位置，将球员 2 围住，同时挥动双臂来封堵传球，并伺机抢断球。同时，邻近的防守球员 C 应该及时补到球员 A 原来的位置上，对球员 1 进行防守。

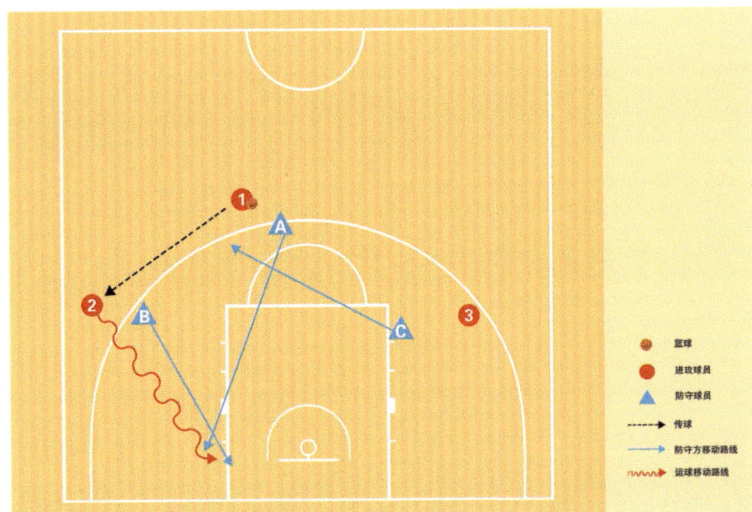

🔴	篮球
🔴	进攻球员
🔺	防守球员
⇠	传球
→	防守方移动路线
∿	运球移动路线

夹击配合

难度等级

★ ☆ ☆

指导建议

防守球员在持球球员运球或传球的时候，就应该提前选择适合夹击的时机和位置，等到时机成熟后迅速移动到选好的位置。在夹击时，充分利用身体挡住对手，同时挥动双臂封堵传球的路线，但是不要急于抢球，否则容易导致犯规。

练习 65

补防配合

难度等级
★ ☆ ☆

战术详解

如果持球球员突破了我方球员的防守，向篮下进攻，那离他运球路线最近的防守球员应该立即放弃自己的防守对象，对持球球员进行补防，而被突破的防守球员则要及时换防，这便是补防配合。

图 a：当持球球员 1 突破了球员 A 的防守，运球切入篮下时，那离他运球路线最近的球员 B 应该立即放弃对球员 2 的防守，转而去防守目前威胁最大的持球球员 1，并尽量争取断球。同时，在球员 B 补防后，球员 A 应该迅速换防无人防守的球员 2。

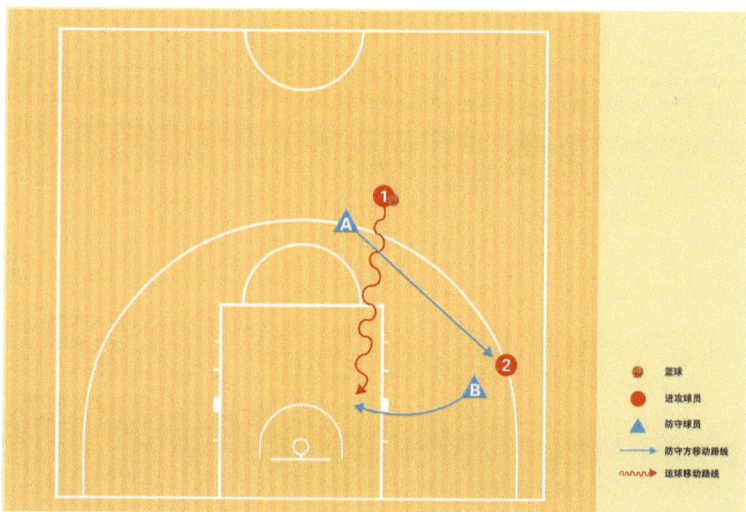

篮球
进攻球员
防守球员
防守方移动路线
运球移动路线

指导建议

球员 B 补防时，动作要迅速、果断，及时挡在球员 1 的运球路线上；其他防守球员也要密切注意持球球员 1 有无分球的可能，及时占领有利位置，争取断球。

战术详解

低位区域的进攻很难防守，所以在能力允许的情况下，防守球员不能让持球球员传球至低位区域或者让对手在低位接到传球区域。

图 a：如果位于侧翼的持球球员 1 将球传给位于底角的球员 2，那防守球员 C 应该迅速移动到底线区域，挡在球员 2 与球员 3 中间的传球路线上，防止位于低位的球员 3 接到传球。如果持球球员 1 想要直接传球给球员 3，那球员 C 应该在高位防守。

- 🔴 篮球
- 🔴 进攻球员
- 🔺 防守球员
- ·····▶ 传球
- ——▶ 防守方移动路线

难度等级

★ ☆ ☆

指导建议

防守球员 C 防守时，应该采取封闭式站姿，站在持球球员 1 与球员 3 之间离球员 3 近的四分之三处，这样可以更好地阻断传球。此外，防守球员移动到底线的速度要快，首先迈出内侧脚（靠近对手的那侧脚），然后再迈出外侧脚，跨步防守占据低位球员身前的位置。

练习 67

防守切入球员

难度等级
★ ☆ ☆

战术详解

如果持球球员在外线传球给队友后，想要切入篮下使用传切战术，那我方球员需要对切入球员进行防守，并且保持在切入球员与持球球员中间的位置，时刻注意对方的传球。

图 a：如果持球球员 1 在外线将球传给球员 2，那防守球员 A 要迅速移动到接球球员 2 一侧，通过"挤开 - 撤回"的方法，在球员 1 切入时挡在球员 1 与持球球员 2 中间，防止对手使用传切战术。然后，球员 A 要跟随球员 1 一起内切，并且使用封闭式站姿，让前脚与前手位于对手的传球路线上。

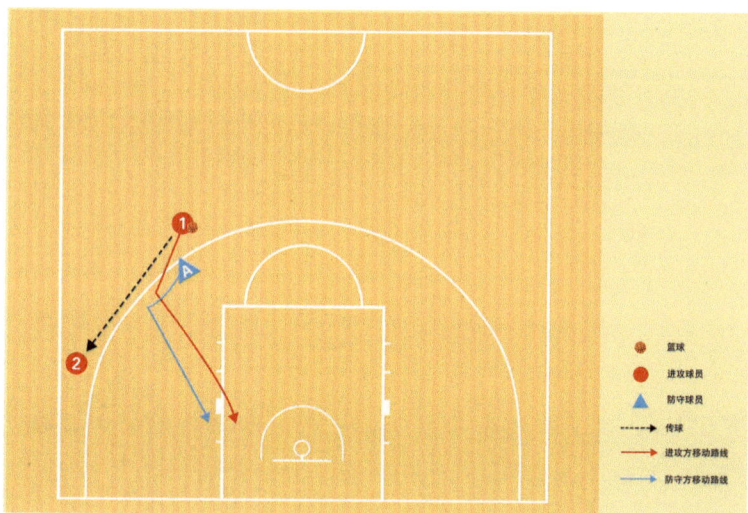

- ● 篮球
- ● 进攻球员
- ▲ 防守球员
- ⚫⚫⚫► 传球
- ── 进攻方移动路线
- ── 防守方移动路线

指导建议

在防守球员 1 时，球员 A 应该位于能够同时看到篮球与球员 1 的位置，并且要更加靠近持球球员 2，以防球员 1 挤到中间。此外，要采用容易保持稳定的站姿，防止发生肢体碰撞时失去平衡。

战术详解

进攻方展开进攻时，未持球球员经常会运用闪切的方法从弱侧移动到高位区域，以甩开防守，接到持球球员的传球。所以防守球员要跟着未持球球员移动，努力阻止他进行闪切。

防守闪切球员

图a：如果持球球员1位于侧翼区域，在对面的球员2想要闪切到高位接球，那防守球员B应该紧跟着球员2移动，前脚和前手挡在两人的传球路线上，阻止对方进行闪切。如果球员2闪切到高位后又使用后门空切，那球员B也要随之移动，在球传出后，立即转向球所在的方向进行拦截。

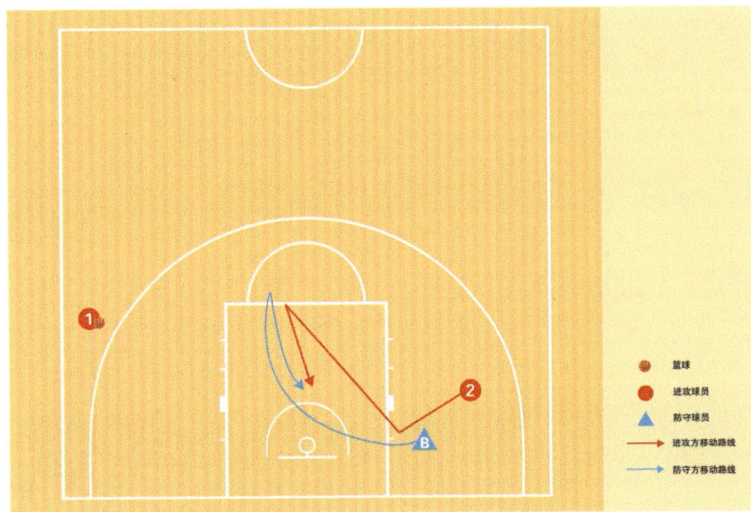

- 🏀 篮球
- 🔴 进攻球员
- 🔺 防守球员
- ➡️ 进攻方移动路线
- ➡️ 防守方移动路线

难度等级
★☆☆

指导建议　不管是对闪切还是背后切入进行防守，都要使用容易保持稳定的封闭式站姿，以免发生冲撞时，身体失去平衡，让对手抢得有利位置。

战术详解

硬帮助与还原战术是需要多人合作完成的一个防守战术，可以帮助防守球员绕开进攻方的掩护，继续防守持球球员，也可以让另一名队友有效阻止掩护球员切出。

练习 69

防守挡拆战术：硬帮助与还原

难度等级
★ ★ ★

图 a：当球员 4 为具有较好投篮技术的持球球员 1 设立掩护时，防守球员 D 应该上前挡在球员 1 的前进路线上，使防守球员 1 的球员 A 能够有时间绕开掩护球员，并紧紧跟随球员 1 进行防守。如果球员 4 之后切入篮下，那由距离篮筐最近的球员 E 进行防守；而球员 D 要快速换防，来防守球员 5。此外，球员 B 与球员 C 负责协防，但是要及时回防。

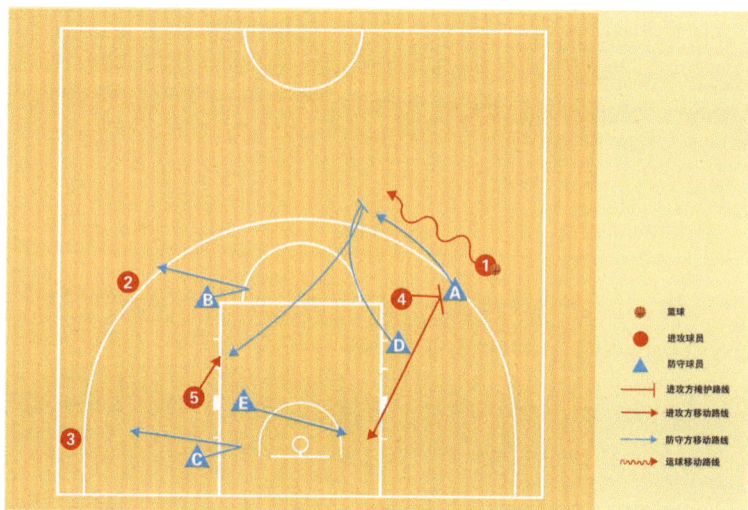

- ● 篮球
- ● 进攻球员
- ▲ 防守球员
- → 进攻方掩护路线
- → 进攻方移动路线
- → 防守方移动路线
- ⟿ 运球移动路线

指导建议

球员 D 在进行硬帮助时，要挡在持球球员 1 的前进路线上，迫使他改变方向或减慢速度，让球员 A 能够跟上球员 1 进行防守。

战术详解

如果持球球员的突破能力比较优秀，那么可采用软帮助与还原战术。该战术不仅可以让我方球员绕过掩护，继续紧跟持球球员进行防守，也能对设立掩护的球员进行有效防守，阻止他之后切出。

图 a：当球员 4 为突破能力较好的持球球员 1 设立掩护时，球员 D 应该后撤一步，为球员 A 留出通过空间，使其能够从掩护球员 4 后侧（靠近篮筐的一侧）通过，紧跟突破球员 1 进行防守。如果之后球员 4 切入篮下，那由距离篮筐最近的球员 E 进行防守；而球员 D 要快速换防，向罚球线移动协防球员 1，待球员 A 防守到位后换防球员 5。此外，球员 B 与球员 C 可以进行协防，但要及时回防。

防守挡拆战术：软帮助与还原

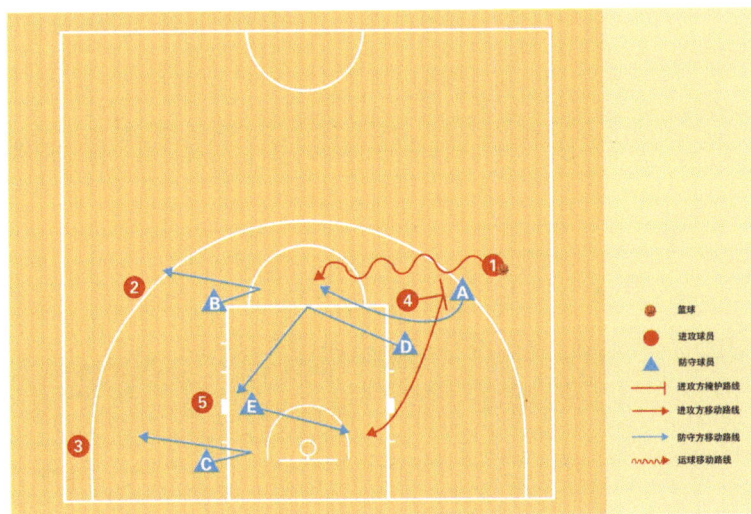

图例	
●	篮球
●	进攻球员
▲	防守球员
→	进攻方掩护路线
→	进攻方移动路线
→	防守方移动路线
〰	运球移动路线

难度等级
★ ★ ★

指导建议

持球球员 1 具有较好的突破能力，那防守球员 A 应该从掩护球员后侧通过，然后紧跟球员 1 进行防守，即软帮助。但如果掩护设立在与篮筐较近的位置且球员 1 投篮技术较好，那应该从掩护球员的前侧跑过，紧跟球员 1 进行防守，即硬帮助。

战术详解

练习 71

防守挡拆战术：包夹

包夹战术是一种比较激进的、具有攻击性的防守方法。一般情况下，由防守持球球员与防守掩护球员的两名球员对越过掩护的持球球员进行包夹，从而有效破解进攻方的挡拆战术。

图 a：如果球员 4 为持球球员 1 设立掩护，那球员 A 与球员 D 可以对球员 1 实施包夹。在掩护设立之前或者持球球员越过掩护之后都可以进行包夹，只是前者的风险更大。如果球员 5 想要通过闪切去接球员 1 的传球，那防守球员 E 必须紧跟球员 5 移动，阻断传球。如果持球球员 1 将球传给了切到底线区域的球员 4（球必须已经脱手传出），那位于对侧低位的球员 C 必须快速移动到球员 4 附近进行防守。

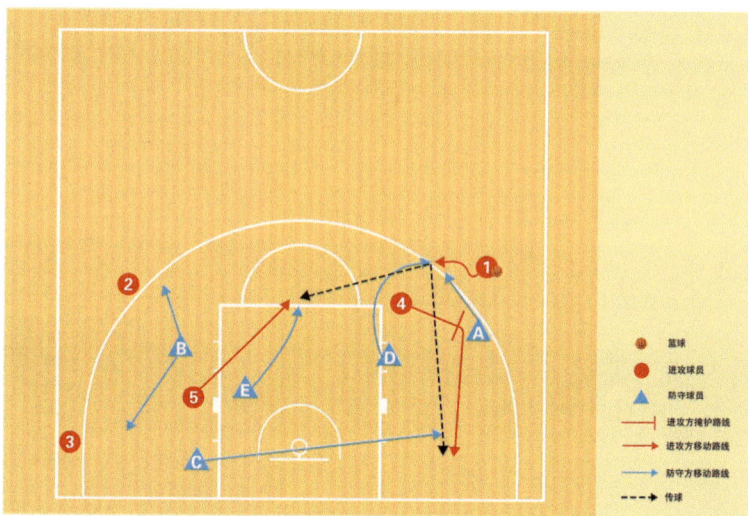

图例
篮球
进攻球员
防守球员
进攻方掩护路线
进攻方移动路线
防守方移动路线
传球

难度等级
★ ★ ☆

指导建议

只有在篮球已经抛出后，篮筐附近的球员 C 才能换防球员 4，不然球员 1 便可以传球给无人防守的球员。此外，防守球员 B 应处在能够同时防守球员 2 与球员 3 的位置，在对方有所动作后快速移动到球员附近进行防守。

战术详解

如果持球球员突破能力很强，且具备良好投篮能力的掩护球员在掩护后向外切出，准备接球投篮，这时便可以通过挤出战术对掩护球员实施压迫，以有效破解对方的挡拆战术。

图 a：球员 4 为持球球员 1 设立掩护，那防守球员 D 应该提示球员 A 对方正在设立掩护，并对球员 4 进行压迫，使球员 A 可以从自己与球员 4 下方（靠近篮筐侧）通过，追上持球球员 1 进行防守，阻止球员 1 的运球突破。如果之后球员 4 切入底线区域，那球员 D 应该紧随球员 4，对其进行严密的防守。而防守球员 B 与球员 C 可以进行协防，但要及时回防。

防守挡拆战术：挤出

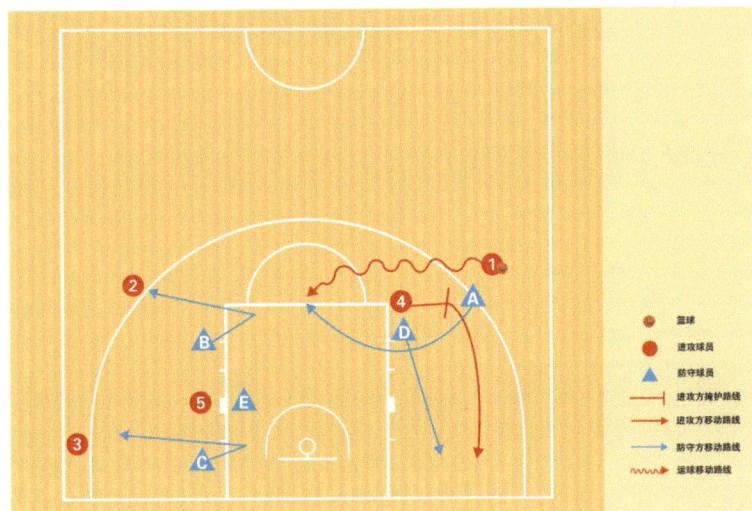

图例	
●	篮球
●	进攻球员
▲	防守球员
→	进攻方掩护路线
→	进攻方移动路线
→	防守方移动路线
∿	运球移动路线

难度等级
★★☆

指导建议

球员 D 对掩护球员 4 进行压迫时，要为队友留出足够的空间，让球员 A 可以顺利越过自己与掩护球员 4 去防守持球球员 1。不然球员 A 在越过时，容易和队友撞到一起，导致我方防守混乱。

防守挡拆战术：向下压迫到边线或底线

难度等级
★★☆

战术详解

如果进攻球员为位于侧翼或者底角的持球球员设立掩护，这时便可以使用向下压迫到边线或底线战术，迫使持球球员向有防守球员的边线或底线移动，之后再进行夹击。

图 a：当球员 4 为位于侧翼的持球球员 1 设立掩护时，那球员 D 要及时提醒球员 A 迅速占据持球球员高位一侧，以迫使球员 1 向边线运球。同时，球员 D 要朝篮筐方向后撤两三步，以防球员 1 向篮下突破，并准备在底角附近对持球球员进行包夹。

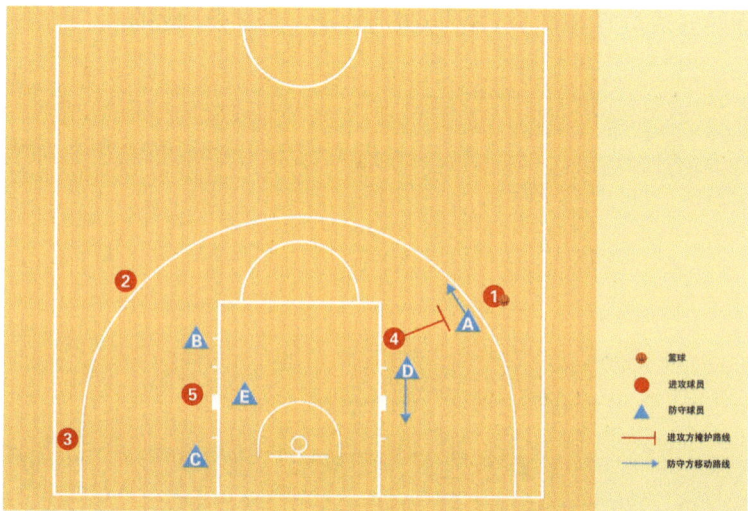

指导建议

当球员 4 为持球球员 1 设立掩护时，防守掩护球员的球员 D 需要及时提示球员 A 快速占据高位，迫使持球球员 1 沿边线或者底线运球，以方便之后进行夹击。

图 b： 因为持球球员 1 向高位移动的路线被球员 A 挡住，所以他只能沿边线运球。此时，球员 A 和球员 D 要紧跟着球员 1 移动，并在底角对其进行夹击。

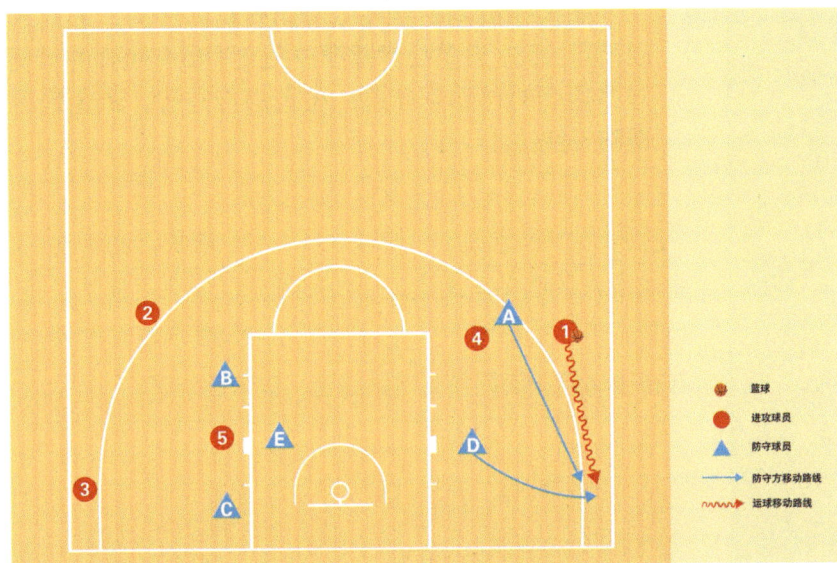

图例：
- 篮球
- 进攻球员
- 防守球员
- 防守方移动路线
- 运球移动路线

图 c： 如果球员 4 在掩护后切入肘区，准备接持球球员 1 的传球，那球员 B 要迅速换防，同时球员 C 要移动到可以同时防守球员 2 和球员 3 的位置，随时准备阻止可能给两人的传球。球员 E 防守球员 5，如果有对手想要突破至篮下，也要注意协防。

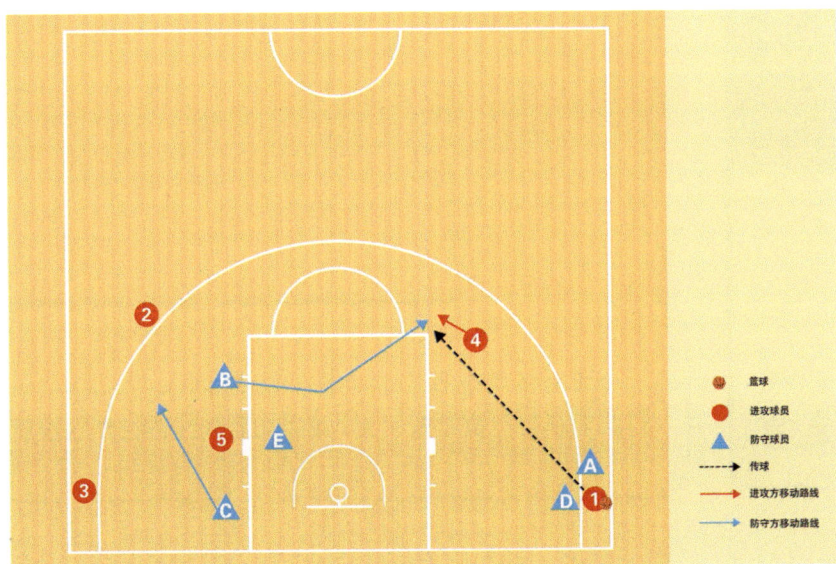

图例：
- 篮球
- 进攻球员
- 防守球员
- 传球
- 进攻方移动路线
- 防守方移动路线

练习 74

防守挡拆战术：换防

战术详解

如果球员间的身高以及防守能力相当，那两人可以相互换防。换防战术需要球员之间具有较强的默契，球员要同时移动到正确的位置进行防守，避免场上出现防守空位。

图 a： 如果球员 4 为持球球员 1 设立掩护，使球员 1 能够摆脱球员 A 的防守向高位运球，那球员 D 便可以换防球员 1，紧跟着球员 1 进行防守。此时，球员 A 也要尽量挡在掩护球员 4 与持球球员 1 之间的传球路线上，以阻断传球。

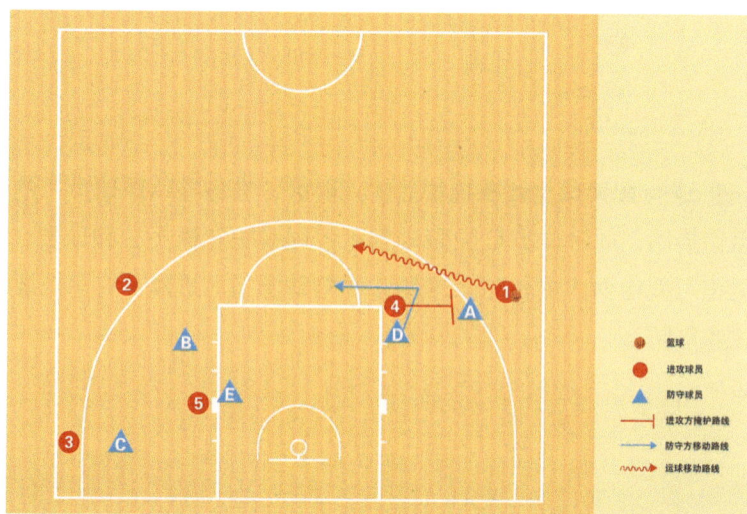

篮球
进攻球员
防守球员
进攻方掩护路线
防守方移动路线
运球移动路线

✕ 错误做法

换防球员没有及时移动到防守位置，使进攻球员切到篮下获得空位投篮机会，或者切到外线进行外线投篮。

难度等级
★ ★ ★

图 b： 如果掩护球员 4 切到篮下，那位于弱侧、距离他最近的球员 E 要及时换防，对其进行防守，同时球员 C 要快速移动到球员 E 之前的位置，对球员 5 进行防守。此外，球员 A 则需移动到弱侧，对球员 2 进行防守；而球员 B 要移动到低位区域，对球员 3 进行防守。以上便是这次换防的全部过程。

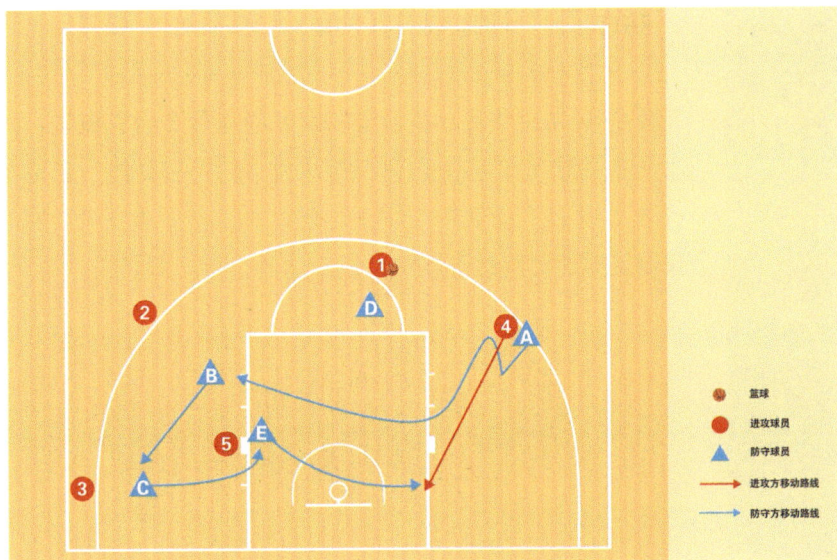

图例	
●	篮球
●	进攻球员
▲	防守球员
→	进攻方移动路线
→	防守方移动路线

○ 正确做法

球员在听到换防的提示后，要时刻注意场上变化，及时完成换防。注意要在练习时提前商量好换防的路线，避免出现防守空当或有对手无人防守的情况。

指导建议

换防的两人应是防守水平与身高相当的队员，不然对手很容易抓住两人间的差异所造成的漏洞来摆脱防守。不过比起让对手进行空位投篮，换防的风险较小，是一个比较保险的方法。所以在条件允许的情况下，要及时换防。

战术详解

如果进攻球员在投篮范围之内为投篮技术好的球员设立掩护，为他创造接球投篮的机会，那防守掩护球员的球员应该帮助队友越过掩护，对接球球员进行防守。

图 a：如果球员 3 为投篮技术好的球员 2 设立掩护，那防守球员 3 的球员 C 应该迅速判断球员 2 的切出路线，并挡在他的行进路线上，迫使其减慢移动速度或改变移动方向，使球员 B 获得足够的时间绕开掩护，追上球员 2 进行跟防。

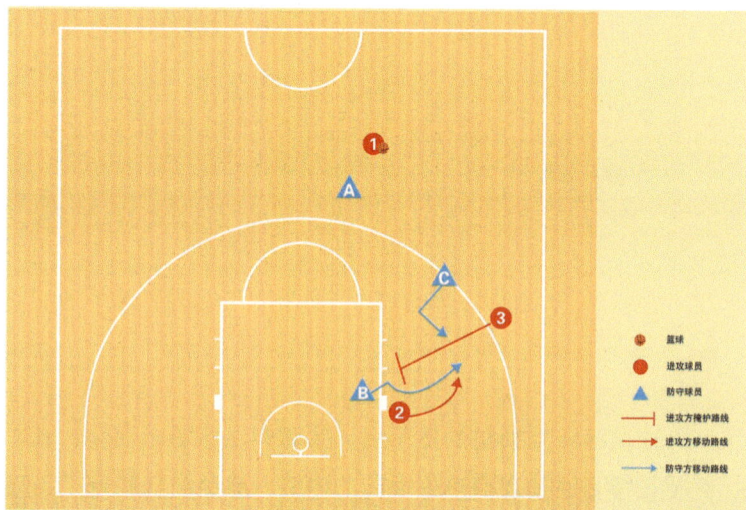

练习 75

防守向下掩护：占据对手前进路线并跟防切出球员

难度等级
★ ★ ☆

指导建议　球员 2 打算越过掩护、甩开防守时，防守球员 B 应该紧密跟随，进行防守，这样掩护球员就很难完全挡住球员 B，球员 B 便可以找到空位，先一只脚跨过掩护，再让整个身子越过掩护。

战术详解

如果进攻球员为向外切出的队友设立掩护，那防守掩护球员的球员应该帮助被掩护挡住的队友，自己后撤一步为其提供空间，让他可以从自己与掩护球员中间穿过，继续防守突破球员。

图 a：　如果球员 3 为向外切出的球员 2 设立掩护，挡住了防守球员 2 的球员 B 时，那防守球员 3 的球员 C 应该立即后撤一步（朝禁区方向），为球员 B 让出空位，使其有足够的空间可以运用滑步从球员 C 与球员 3 之间穿过，继续防守切出球员 2。

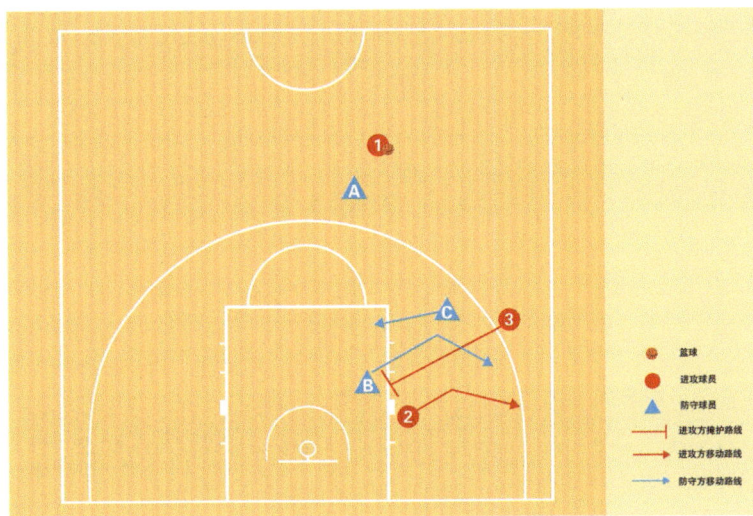

🏀	篮球
🔴	进攻球员
🔺	防守球员
—	进攻方掩护路线
→	进攻方移动路线
→	防守方移动路线

防守向下掩护：后撤并穿过

难度等级
★ ★ ☆

指导建议　防守掩护球员的球员 C 应该及时提示球员 B，使其知道掩护的存在以及对手设立掩护的方向，让他提前移动，不要被对手完全挡住。

练习 77

防守向下掩护：挤开并抄近路

难度等级
★ ★ ☆

战术详解

如果设立掩护的球员具备优秀的投篮能力，而利用掩护切出的球员突破防守的水平较高且擅长切入内线，那我方防守球员应该及时挤开掩护球员，帮助队友抄近道绕过掩护，对切入球员继续进行防守。

图 a：如果球员 3 为擅长突破防守、切入内线的球员 2 设立掩护，且球员 3 也具有较强的投篮能力，那防守球员 3 的球员 C 应该迅速挤开掩护球员，并进行紧密的防守，为球员 B 创造空间，使其可以抄近路绕过自己与掩护球员 3，追上球员 2，继续防守球员 2。

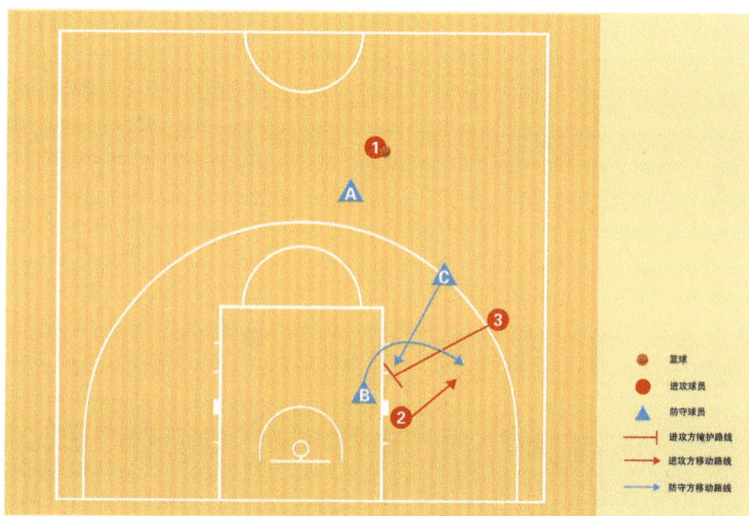

- 篮球
- 进攻球员
- 防守球员
- 进攻方掩护路线
- 进攻方移动路线
- 防守方移动路线

指导建议

球员 C 应该及时提示球员 B 对手要设立掩护，并用暗号说明要实施挤开并抄近路战术，以免队友之间发生冲撞，导致出现进攻球员无人防守的局面。

战术详解

如果球员间的身高相近且防守能力相当，那两人可以相互换防。换防时，要抢先占据切入球员与掩护球员的接球路线，以防对手得到空位投篮的机会。

图 a：当球员 3 为球员 2 设立掩护时，防守球员 C 可以与球员 B 换防，由球员 C 防守越过掩护的切入球员 2，阻断持球球员 1 可能给球员 2 的传球。而球员 B 移动到掩护球员 3 的靠近球侧，对其进行防守，防止球员 3 获得空位切入篮下。

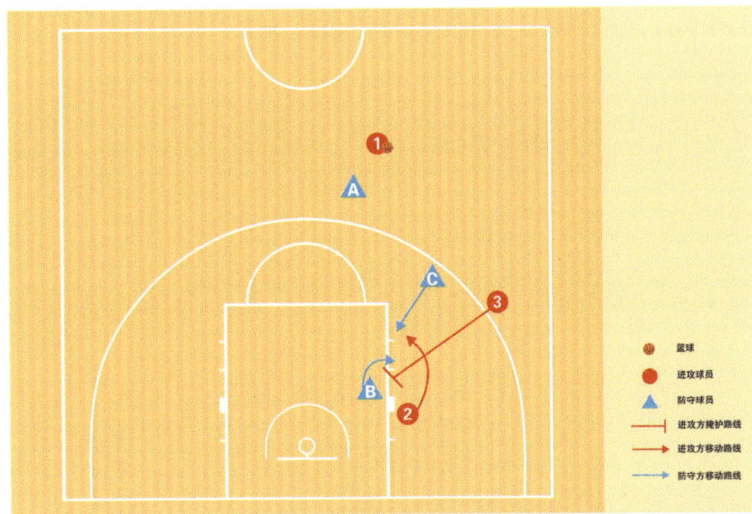

篮球
进攻球员
防守球员
进攻方掩护路线
进攻方移动路线
防守方移动路线

防守向下掩护：换防

难度等级
★★☆

指导建议

被掩护球员 3 挡住的球员 B，在知道球员 C 换防后，应该努力移动到掩护球员靠近球的那一侧，摆好防守姿势，对其进行紧密的防守，防止掩护球员寻得空位切入篮下，或切到外线进行外线投篮。

练习 79

防守背后掩护

难度等级
★ ★ ☆

战术详解

如果想要干扰进攻球员设立背后掩护，防守掩护球员的球员需要用身体压迫掩护球员，使其远离自己的队友，并对其进行严密的防守，防止其向外切出，接球投篮。

图 a：当球员 2 为球员 4 设立背后掩护时，防守球员 2 的球员 B 应该紧跟他移动，并用身体进行压迫，为球员 D 创造空位。然后，球员 B 迅速跟防，阻止球员 2 向外切出，接到持球球员 1 的回传球并投篮。球员 D 要利用空位迅速绕过掩护，追上球员 4 进行跟防，并利用身体压迫使球员 4 远离掩护。

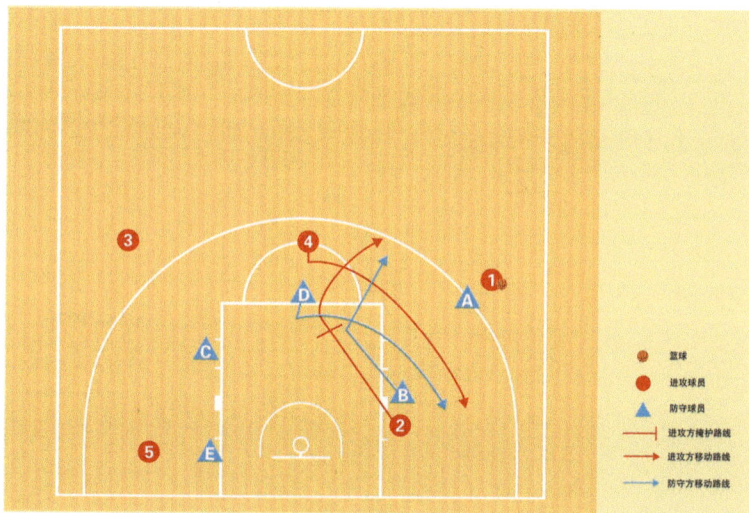

篮球
进攻球员
防守球员
进攻方掩护路线
进攻方移动路线
防守方移动路线

指导建议

球员 A 的作用十分关键，其应对持球球员 1 进行紧密防守，通过身体上的压迫，阻止其高吊传球给球员 4，同时也要注意拦截其给球员 2 的传球。

战术详解

练习80

针对进攻方的交叉掩护，两名防守球员可以通过换防或者协防的方式，对切入球员以及掩护球员进行防守。

图a：当球员2为球员5设立交叉掩护时，防守球员2的球员B在提示球员E后，迅速移动到掩护球员2的高位一侧（篮筐相反的方向），并帮球员E对切入球员5进行协防，然后立即回防，紧跟球员2进行防守，以防球员1传球给球员2。球员E从球员2的高位绕过掩护，追上球员5，并挡在球员1向球员5的传球路线上，对球员5进行紧密防守。

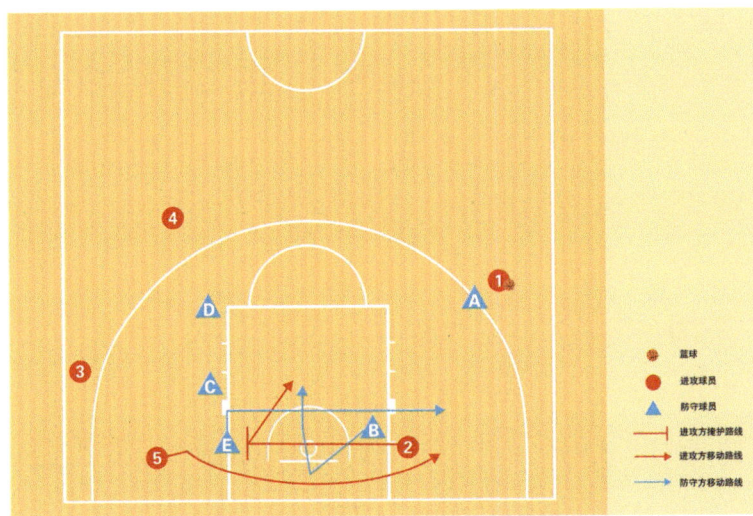

防守交叉掩护

图例：
- 🏀 篮球
- 🔴 进攻球员
- 🔺 防守球员
- 进攻方掩护路线
- 进攻方移动路线
- 防守方移动路线

难度等级
★★★

指导建议

球员B移动到球员2的高位一侧时，可以向底线方向迈几步，阻断球员5的切入路线，以帮助球员E进行协防，但是要立即回防，以阻止球员1将球传给球员2。球员A也要不断压迫持球球员1，努力阻止他传球。

战术详解

如果我方防守球员准备执行包夹战术或者持球球员突破我方防守，使得一名防守球员不得不离开自己的位置，去防守另一名进攻球员，这时队友应进行防守轮转，补到防守空位上。

练习 81

图 a：如果我方球员 A 与球员 B 对持球球员 1 进行包夹，此时球员 2 处于无人防守的状态，那位于弱侧的球员 D 要补到球员 B 之前的位置上，对球员 2 进行防守，防止球员 1 传球给他。同时，距离球最远的球员 E 要扩大自己的防守范围，同时防守离球最远的球员 4 与球员 5。

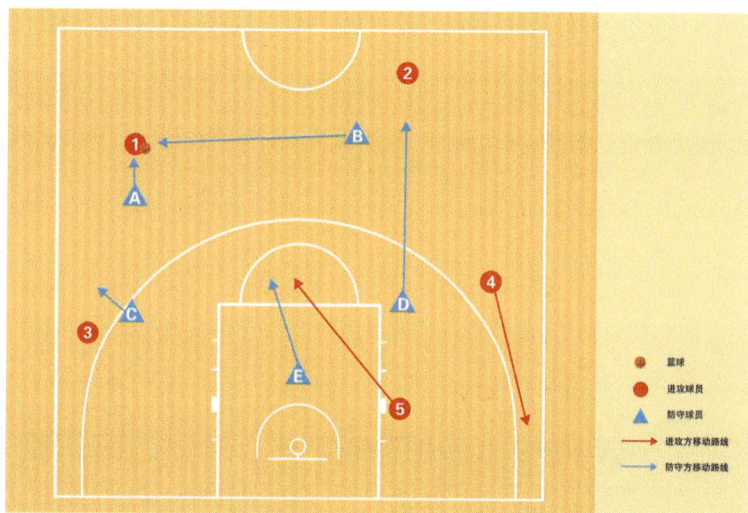

图例：
- 篮球
- 进攻球员
- 防守球员
- 进攻方移动路线
- 防守方移动路线

✕ 错误做法

在进行防守轮转时，有防守球员没有意识到要进行轮转，或者因为距离较远来不及进行轮转，导致有进攻球员无人防守，从而获得空位。

防守轮转

难度等级
★ ★ ☆

图 b： 如果持球球员 3 突破了球员 C 的防守，那位于弱侧的球员 D 要迅速换位去防守球员 3。球员 C 被突破后要继续紧跟着球员 3，与球员 D 一起对球员 3 进行包夹。同时，球员 B 要向低位移动，以轮转防守球员 4；而球员 A 与球员 E 应撤回内线后进行防守。

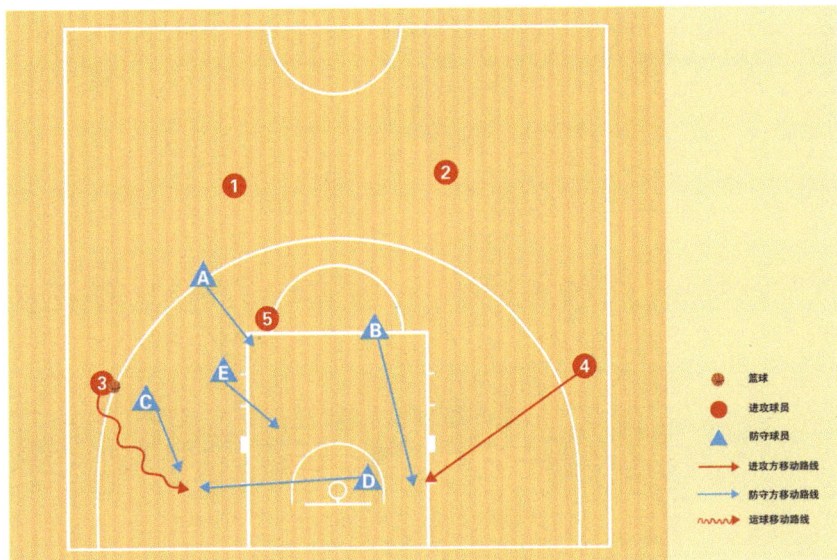

正确做法

防守轮转要求防守球员有团队合作意识。所以在练习时，球员要提前确认暗号，并在比赛中多交流，让彼此明白各自的意图。此外，进行轮转前，最先移动的球员要先观察队友的位置，如果队友离自己较远，就要灵活运用防守假动作为队友争取到位时间。

指导建议

如果持球球员突破了球员 C 的防守，而球员 D 拥有较高的防守水平，那球员 C 也可以选择轮转到弱侧进行防守，帮助球员 B 对球员 4 进行协防，并兼顾防守球员 2。

第五章

常用防守战术配合

战术详解

人盯人防守是在防住自己对手的基础上，与队友相互协作的全队防守战术。这个战术中，所有人分工明确，能有效地防守进攻球员的中远距离投篮，并给予进攻球员防守压力。

图 a： 在人盯人防守时，每名防守球员负责防守一名进攻球员，同时每名防守球员应当保持警惕，在面对敌方的猛烈进攻时或防守队友失位时，及时帮助队友进行协防，阻止对方得分。这个战术需要全队有较好的配合意识和默契，这样才能发挥最大的作用。

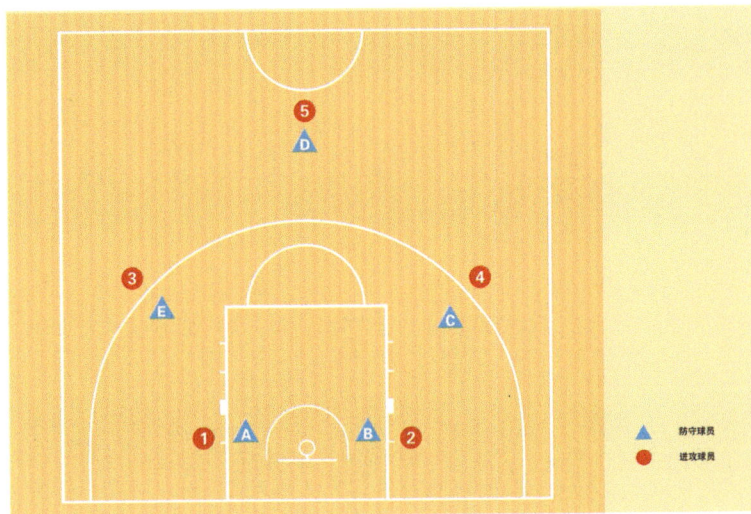

人盯人防守

防守球员
进攻球员

难度等级
★ ☆ ☆

指导建议　人盯人防守战术需要全队都具有较强的防守能力，不然一名防守球员被突破，会让整个队形被破坏。此外，要提前分析对手的技术特点和弱点，针对具体情况安排适合的球员进行防守，制定有针对性的防守策略。

练习 83

区域联防：1-3-1

难度等级
★ ★ ☆

战术详解

区域联防的目的是变换比赛节奏、扭转处于下风的局势，尤其是在面对防守实力明显高于己方的对手时，能够给其造成压迫并遏制其传球和投篮。

图 a：1-3-1 区域联防模式为第一排球员 A 位于弧顶，第二排球员 B、D、E 分别位于两侧肘区和罚球线附近，第三排球员 C 位于篮下限制区域。该队形能够对高位和侧翼起到重点防守的效果，但是无法顾及底角和近底角区域的进攻，因此，应在对方球员站位符合条件的情况下使用这一战术，否则很难实现预期的目标。

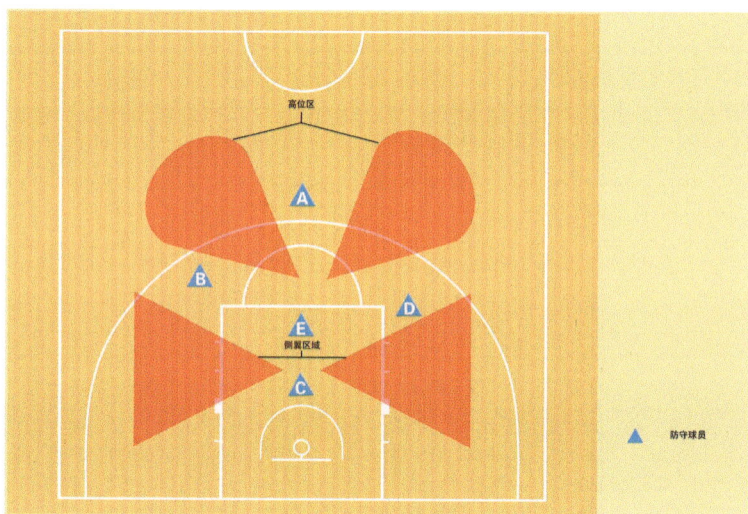

指导建议

使用 1-3-1 区域联防时，尽量不要让对方球员进入底角或近底角区域，若发生这种情况，则需要尽快变换队形，一般采用 2-3 队形。注意变换队形时所有球员要同时移动，避免球员之间出现较大的空隙。

战术详解

即使我方球员已经移动到了区域联防的基本位置，但仍需根据对方的情况及时调整队形，以灵活应对各种进攻模式。

图 a：下图是 1-2-2 区域联防的基本站位，该队形可以有效防守要塞区域、肘区及中立区域。其中，球员 A 为突前球员，球员 B 与球员 C 为侧翼球员，球员 D 与球员 E 为后防线球员。1-2-2 区域联防的第二排球员可以顺利地展开协防，并且无论持球球员处在哪个位置，我方都很容易保持队形。

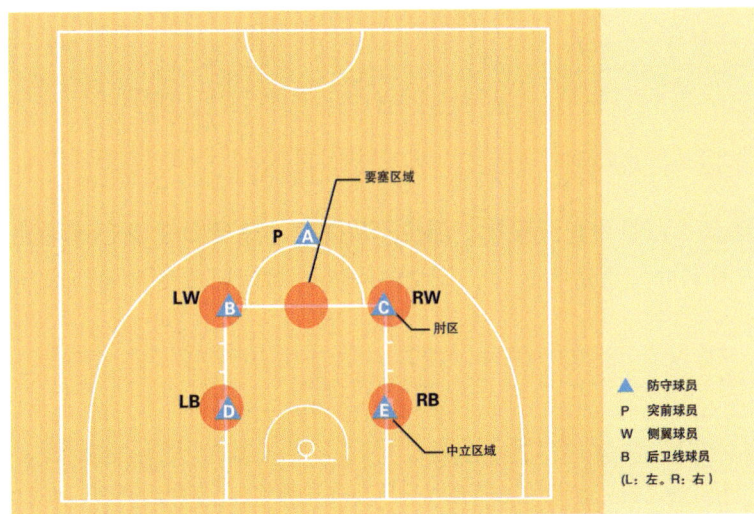

要塞区域

P　A

LW　B　　　C　RW

肘区

LB　D　　　E　RB

中立区域

▲　防守球员
P　突前球员
W　侧翼球员
B　后卫线球员
(L: 左，R: 右)

区域联防：1—2—2

指导建议

在调整队形时，球员需要同时移动，缩短场上出现空位的时间。此外，要重点注意对方在高位以及底角展开的进攻，以防对方在我方的防守盲区取得得分的机会。

难度等级
★★☆

◎ 球在弧顶附近时

图 a：　如果持球球员 1 位于弧顶附近，那只需保持 1-2-2 区域联防的基本站位，但球员 D 与球员 E 之间的距离要保持在 3.5~4 米。

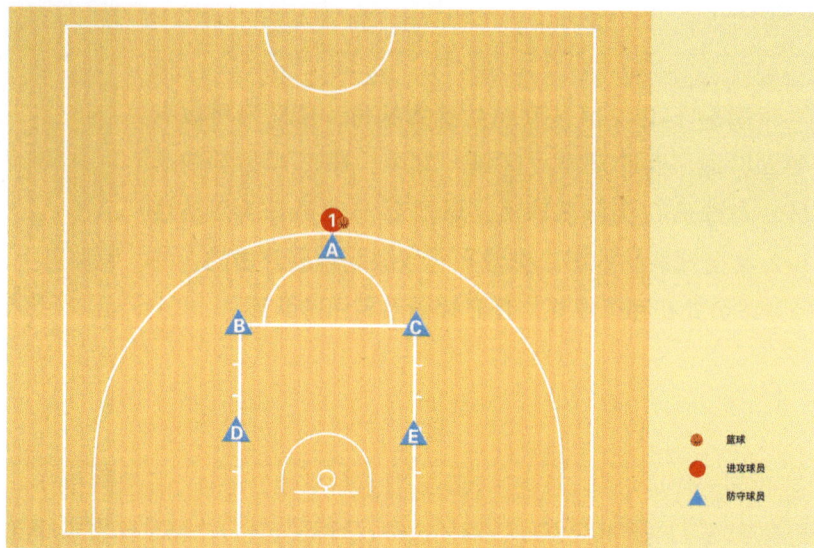

图 b：　如果持球球员 1 在弧顶附近投篮，那位于后防线的球员 D 应该迅速移动到中位区域，以抢占有利的位置进行卡位；而突前球员 A 与侧翼球员 B 要同时后移，补到队友的空位上。

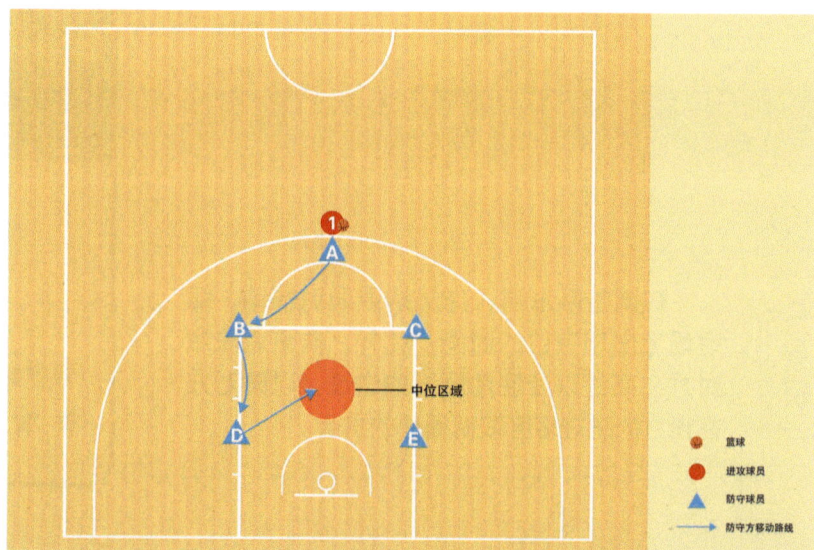

球在侧翼位置时

图 a：　如果持球球员 1 在侧翼区域准备进攻，那距离最近的侧翼球员 B 应该迅速移动到球员 1 附近进行盯防；突前球员 A 后撤到要塞区域与球员 1 的连线的禁区内；另一边的侧翼球员 C 移动到球员 1 与底角连线的禁区内；球员 D 与球员 E 同时向左移动，并始终保持 3.5 ~ 4 米的距离。

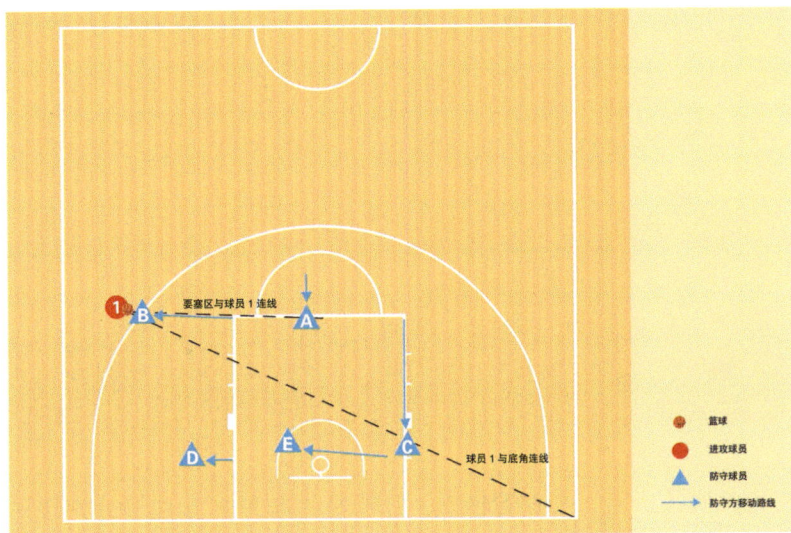

图 b：　当持球球员 1 位于侧翼，并且球员 2 在低位区域时，球员 D 应该挡在球员 2 前面进行防守，以免球员 2 接到球员 1 的传球。而球员 E 要与球员 D 同时移动，保证两人间的距离为 3.5 ~ 4 米，在篮下防守。

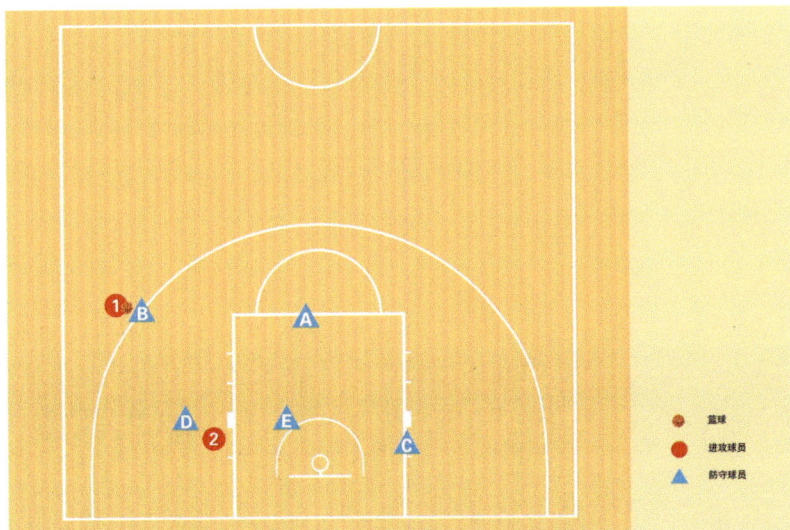

图 c： 如果底角有一名进攻球员 3，那球员 D 应该迅速移动到中立区域向外一步的位置，时刻注意防守球员 1 向球员 3 的低位传球。此外，球员 D 要挡在传球路线上，不能站在进攻球员身后。

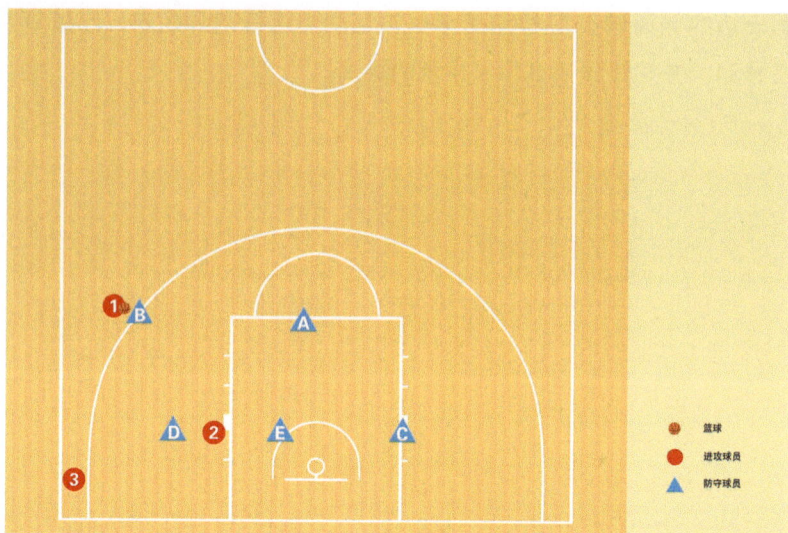

图 d： 如果持球球员 1 在侧翼投篮，那球员 A 与球员 B 应该分别移动到两侧肘区，球员 D 移动到中立区域，而球员 E 要迅速移动到中位区域，进行卡位，并抢占有利的位置。

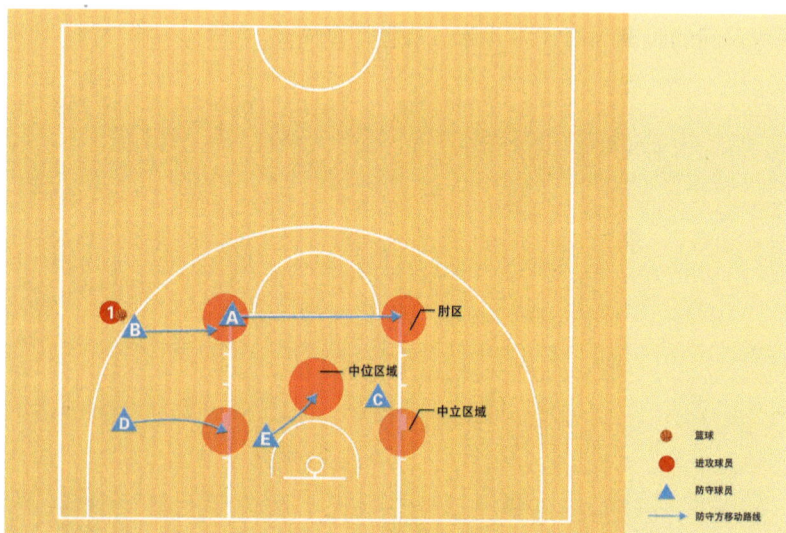

球在底角位置时

图a：　底角是 1-2-2 队形的防守盲区，如果持球球员 1 在底角区域准备展开
进攻，那我方球员应该迅速转变为 2-3 队形，距离最近的球员 D 对持球球员 1 进
行盯防，球员 B、球员 D、球员 E 三人位于一个边长在 3.5~4 米的等边三角形的
三个顶点附近，并且球员 B 要根据对手情况调整位置。

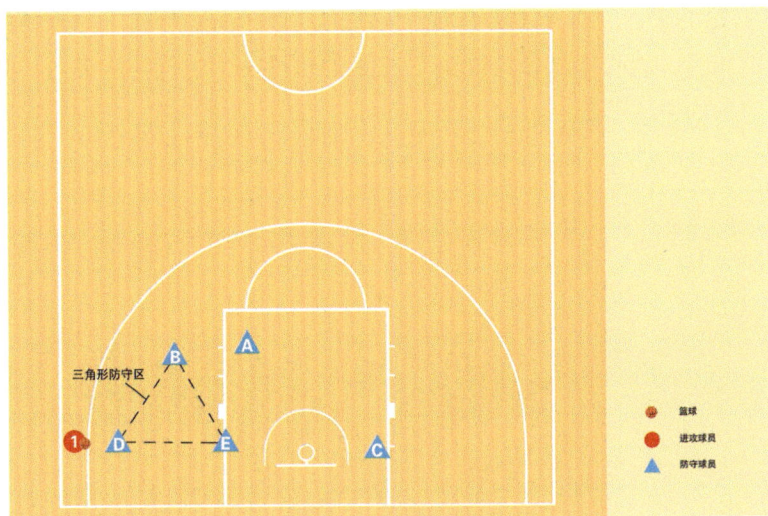

图b：　如果持球球员 1 在底角附近投篮，那球员 A 与球员 B 应该分别移动到
两侧肘区，球员 D 移动到中立区域，而球员 E 要迅速移动到中位区域，分别进行
卡位，并抢占有利的位置。

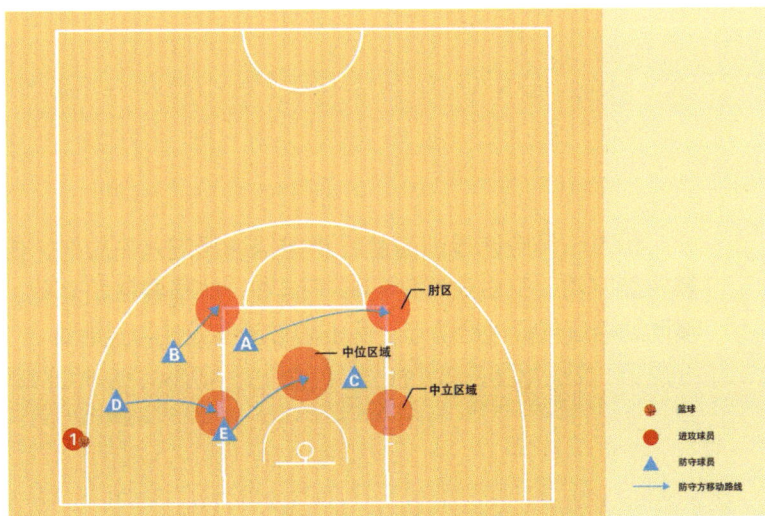

球在高位时

图 a：　如果持球球员 1 突破了我方防守进入高位，到达罚球线附近，这时后防线球员 E 应该迅速跑到球员 1 前面进行盯防，另一名后防线球员 D 则平移到篮下进行防守，形成纵向排列。两名侧翼防守球员 B 与球员 C 应该同时后撤，最后两人的位置能够与球员 D、球员 E 移动后的位置一起作为菱形的四个顶点。此外，球员 A 的位置不变，可以选择防守对方外线的球员，防止球员 1 向外线传球、创造三分球的机会，也可以选择与球员 E 在高位对球员 1 进行前后夹击，并积极抢球，扰乱对手的进攻节奏。

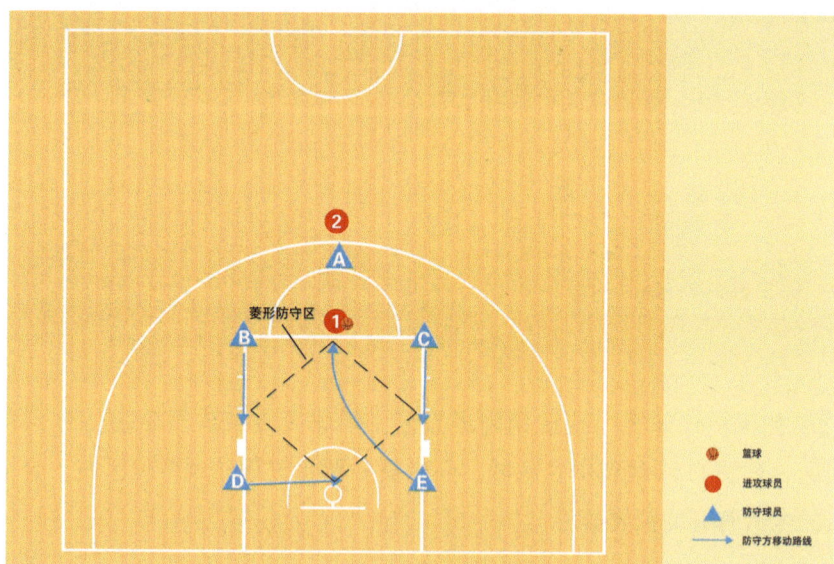

指导建议　我方球员应该提前商量好当持球球员进入高位时，由谁对其重新盯防，又由谁移动到篮下防守。球员要各司其职，迅速移动到相应位置进行防守，保证防守的高效性与灵活性。

根据持球球员的运球路线变换队形

图a： 如果持球球员 1 位于弧顶附近，并沿平行于中线的路线横向运球，那防守球员 A 应该跟着持球球员 1 横向移动，继续盯防，同时球员 B 与球员 C 一起横向移动，进行协防。注意，防守时要正对着持球球员 1，以时刻观察他的动作。

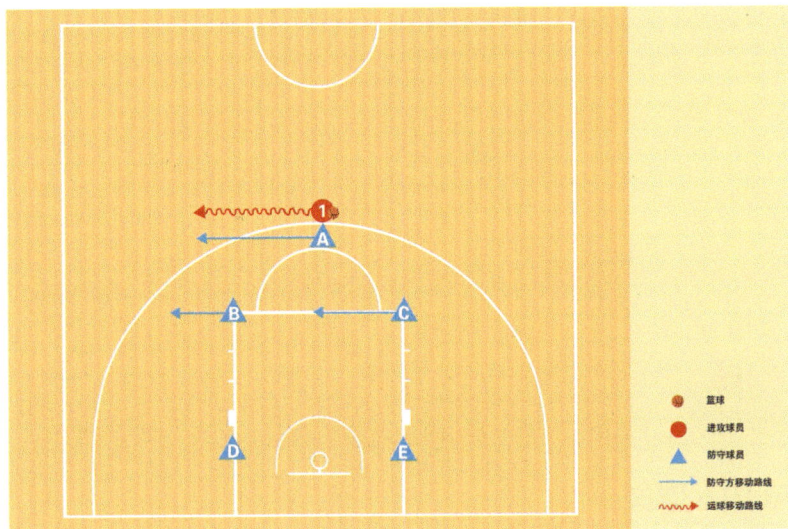

图b： 如果持球球员 1 位于弧顶附近，并向侧翼方向运球，那球员 A 要紧跟着球员 1 进行防守，在靠近球员 B 的位置迅速与其完成换防，由球员 B 对球员 1 进行盯防；而球员 A 要移动到肘区，以免出现防守空当。

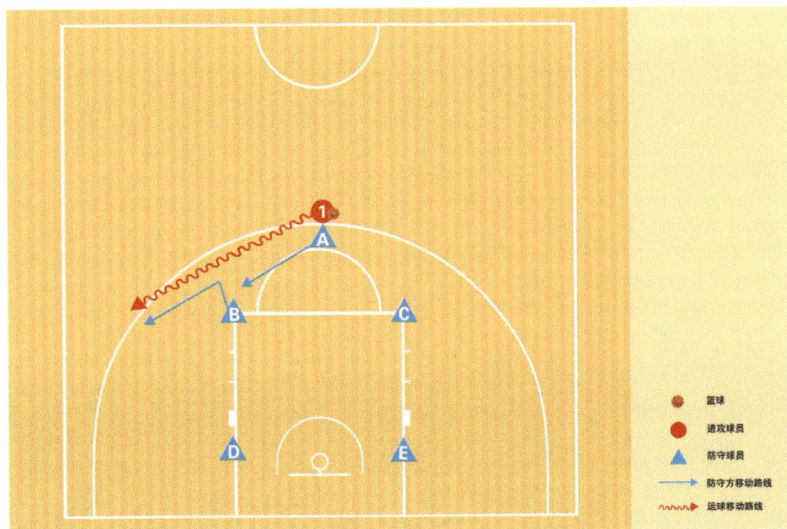

图 c： 如果持球球员 1 位于底角区域，并向中线方向运球，那球员 B 与球员 D 应在低位区域完成换防，由球员 B 继续对球员 1 进行盯防，而球员 D 移动到中立区域进行防守。

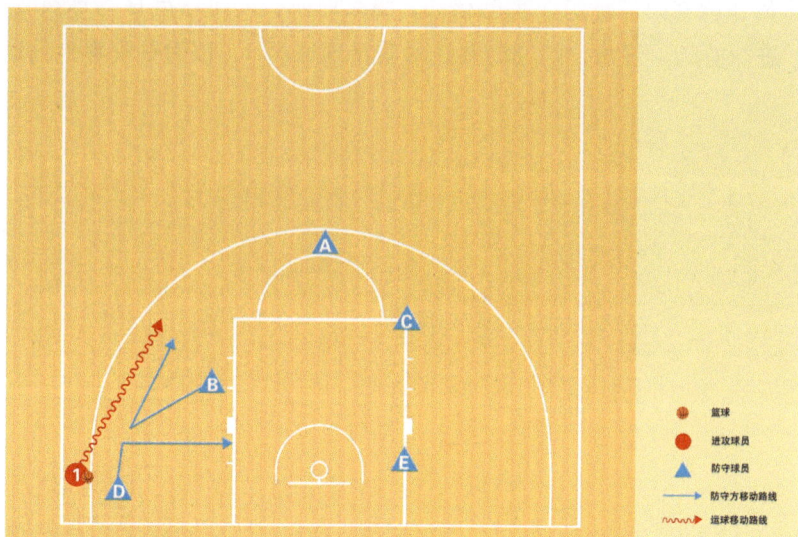

防守切入球员

图 a： 如果位于侧翼的持球球员 1 传球给位于底角的球员 2 后迅速向篮下切入，那球员 B 应该立即挡在球员 1 的切入路线上，并用上半身紧贴球员 1 进行防守，以此姿势向篮下后撤两步后，与球员 E 迅速完成换防，由球员 E 继续进行盯防，球员 D 移到底角，盯防球员 2。

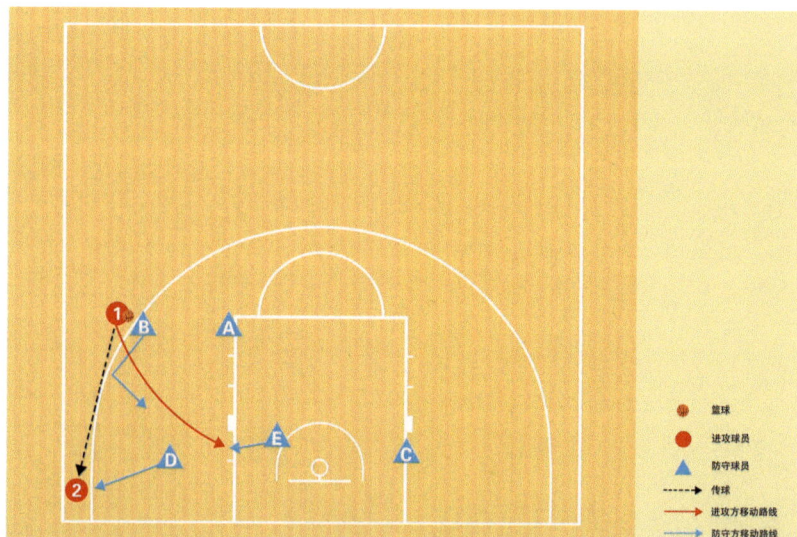

战术详解

3-2 站位强调对外线投篮的防守，通过在罚球线和三分线之间安排三名球员，扩大我方的防守范围，形成具有较强压迫力的防守队形。

图 a：在 3-2 区域联防中，一般在罚球线和三分线之间安排三名防守球员，负责防守进攻方的外线投篮；在禁区的低位区域两侧安排两名球员，负责抢篮板球等。如果球员 D 与球员 E 比较擅长抢篮板球，那在他们抢得篮板球后，我方可以展开三线快攻，以迅速扭转场上局势，这也是 3-2 队形的一大优势。

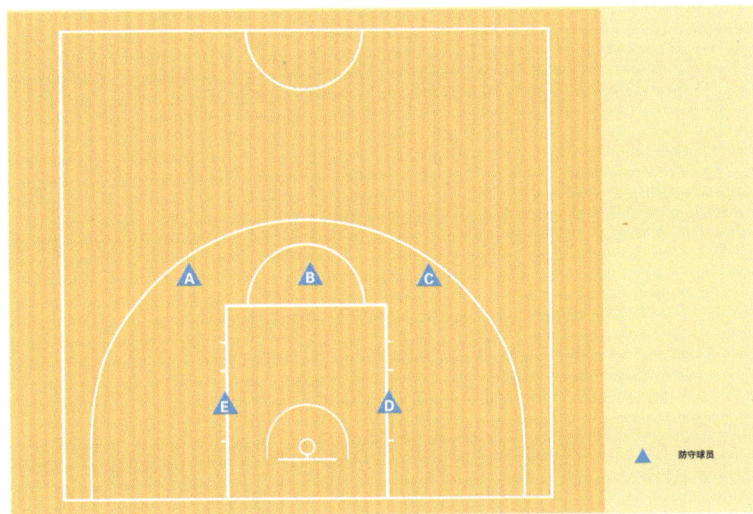

▲ 防守球员

区域联防：3-2

难度等级
★★☆

指导建议

3-2 队形的缺点是在两侧的底角位置以及高位区域存在明显的盲区，对手一旦在这些防守薄弱区域展开强攻，我方很难进行防守。所以要根据对手的特点，谨慎选择队形。

练习 86

战术详解

2-3 区域联防战术强调对篮下的防守，应安排三名球员保护篮下区域，巩固、加强篮板优势，并且在抢得篮板球后快速展开反攻。

图 a：在常见的 2-3 区域联防中，由两名球员负责防守侧翼和高位区域，三名球员负责防守底线和中路。要时刻注意球的去向，与队友配合防守，使五名球员的防守区域共同形成互补、紧密的团队防守网，弥补某些能力较弱球员造成的防守漏洞。

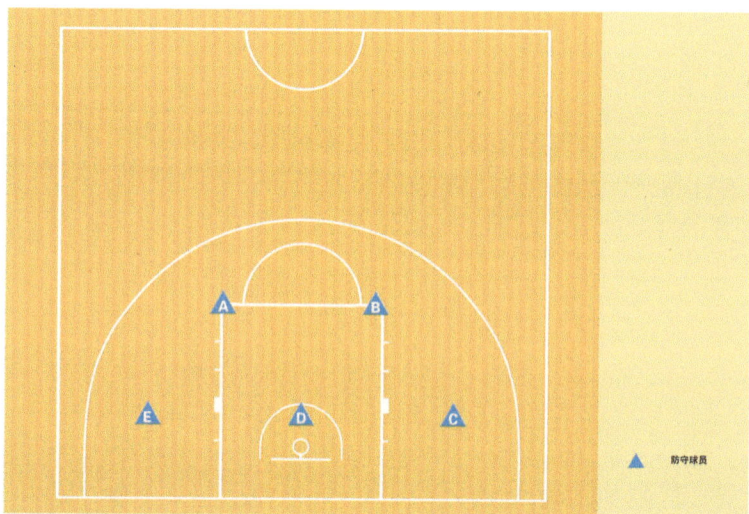

▲ 防守球员

区域联防：2-3

难度等级
★ ★ ☆

指导建议

与人盯人防守不同，在 2-3 区域联防中，每名球员负责防守一块区域，而不是防守特定的某一名进攻球员，最终目的是不让球进入禁区，并且努力创造反攻的机会。

战术详解

如果对手的进攻实力很强，或是我方防守处于下风，这时区域联防便是一个有效的防守手段。其中，2-1-2 队形可以较为全面、稳固地防守高低策应区域。

图 a： 高低策应区域指的是要塞区域、两侧肘区与两侧中立区域（详见 1-2-2 区域联防），如果对手进入这些区域，我方很难展开有效的防守，2-1-2 队形便是重点防守这些区域的队形。两名球员在两侧肘区，两名球员在两侧中立区域附近，一名球员位于中位。不过该队形对三分线的正面以及 30 度 ~45 度区的防守比较薄弱，见下图红色区域。

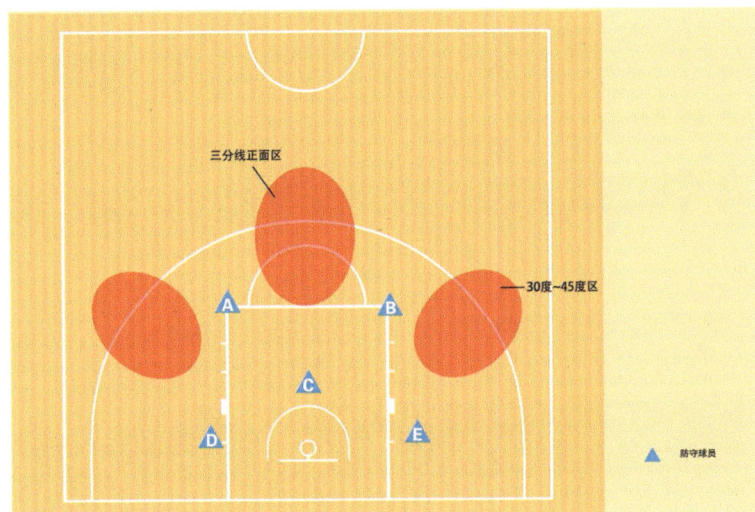

三分线正面区

30度~45度区

A B

C

D E

▲ 防守球员

区域联防：2—1—2

难度等级
★ ★ ☆

指导建议　运用 2-1-2 区域联防，我方球员分布均匀，对高低策应区的防守更加严密，缩短了换防时的移动距离，便于相互协作，控制篮下，有利于抢篮板球并展开快攻。

练习 88

2-2-1 区域紧逼

> 2-2-1 区域紧逼是一项非常有效的防守战术，可以帮助我方调整比赛节奏，使比赛局面向对我方有利的方向发展。

图 a： 2-2-1 区域紧逼也被称作"安全紧逼"，它很难被对手突破，所以球队在比赛中经常使用。2-2-1 区域紧逼的初始站位如下。球员 A 与球员 B 作为后卫分别站在我方前场两侧肘区，球员 C 与球员 D 作为前锋分别位于中圈两侧，综合实力较强的球员 E 站在我方后场的弧顶附近。图中的红色区域是死角区域，这四个区域非常适合夹击，我方球员要重点注意并合理利用。

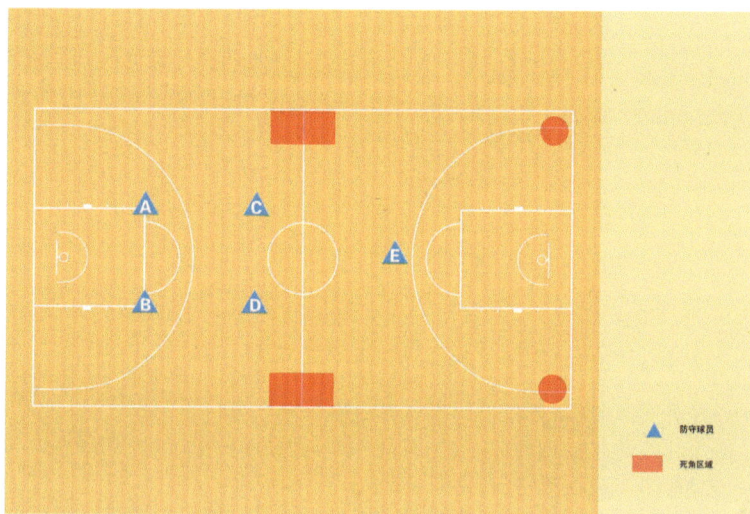

▲ 防守球员
■ 死角区域

难度等级
★ ★ ☆

指导建议

> 如果想要加快比赛的节奏，可以通过 2-2-1 区域紧逼积极抢球并展开快攻。反之，可以让对方球员看出我方准备进行夹击，使其更加小心谨慎，从而达到放慢比赛节奏的目的。

图 b：　当球员 B 与球员 D 夹击时，其他防守球员要及时补到空位上，其中移动到弧顶附近的球员 C 应是综合实力较强的球员。

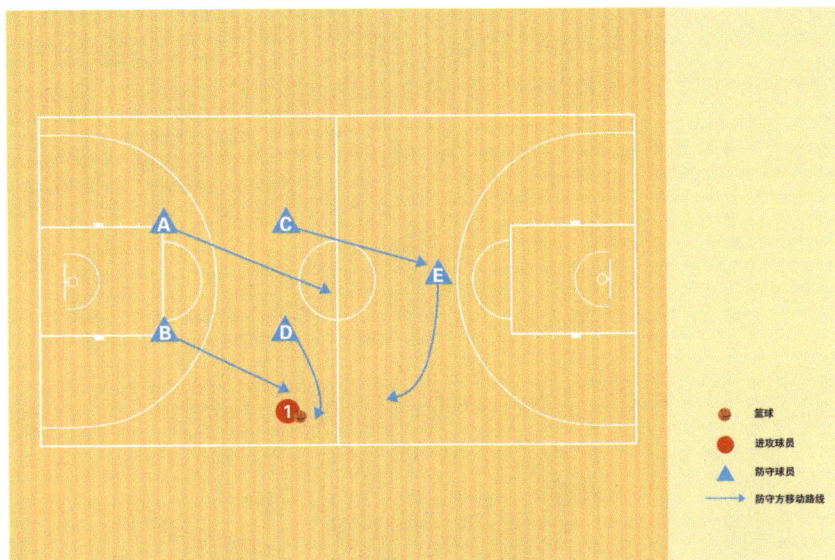

图 c：　如果对方球员 1 抢到后场篮板球，那我方要迅速回防，由球员 A 向持球球员 1 持续施压，将其逼到边线附近，方便我方进行夹击；其他球员迅速移动到下图所示的位置，以阻止对方传球。注意，对方也提前部署了应对 2-2-1 区域紧逼的对策，所以我方球员需要及时判断场面局势，合理防守。

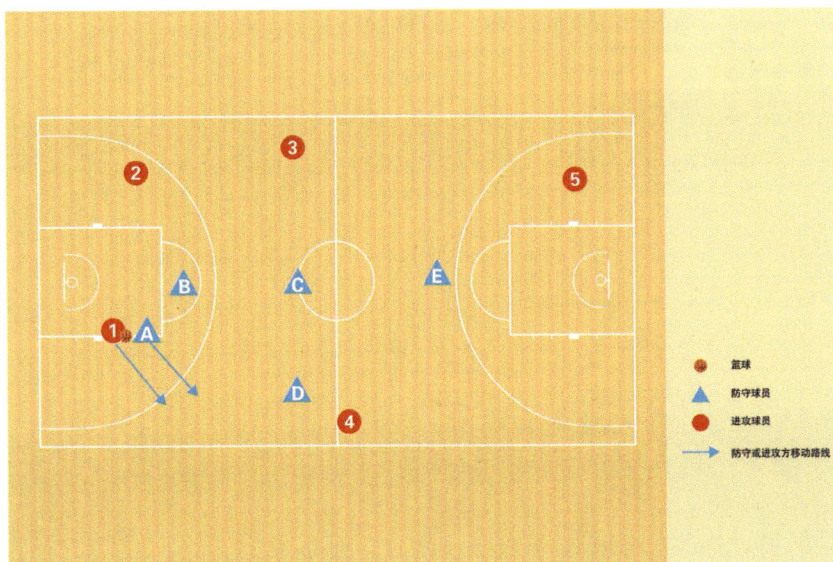

第六章

团队防守实用策略

练习 89

阻止对方以多对少得分的防守方法

难度等级
★ ★ ☆

如果进攻方通过快攻使我方防守球员处于劣势，此时不能放弃防守，要遵循"先保护篮筐，再阻挠篮球"的原则，努力阻止对方得分。

图 a：　当进攻方使用快攻战术，持球球员 1 与球员 2 已经接近我方三分线时，三分线内只有一名防守球员，其他球员没来得及回防，这种情况下，球员 A 应该靠近持球球员 1，并将身体转至球员 2 的方向，用一侧的肩膀对着球员 1。球员 A 以此姿势，通过假动作等策略，最大限度消耗对手精力，降低对手运球推进速度，拖延时间，等待队友赶回防守。如果球员 1 将球传给球员 2，那球员 A 应该迅速接近球员 2，防守姿势不变。

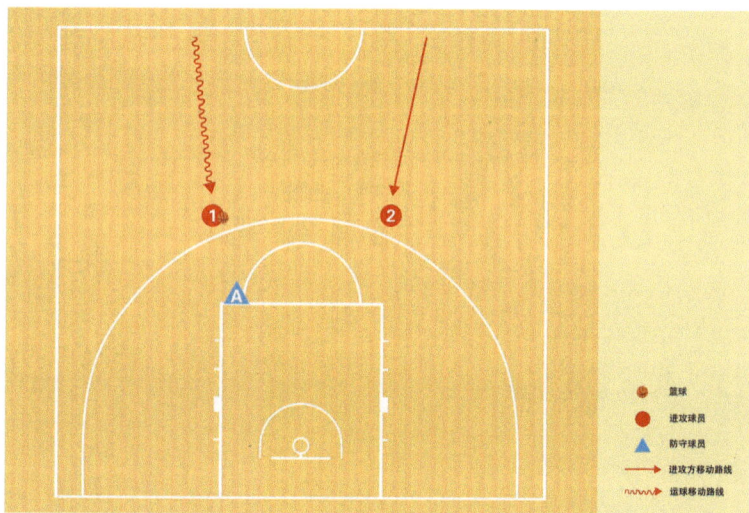

- ● 篮球
- ● 进攻球员
- ▲ 防守球员
- → 进攻方移动路线
- ∿ 运球移动路线

指导建议

面对进攻球员比我方防守球员多的局面，防守球员首先要严守篮筐，努力推延或阻止对方的进攻；其次再阻挠篮球，对持球球员实行纠缠战术，为队友回防争取时间。

图 b：　如果是两名防守球员对三名进攻球员的局面，那两名防守球员应该分别站在篮下与弧顶三分线内，球员 A 负责阻挠篮球，球员 B 负责保护篮筐。当持球球员 1 传球给位于侧翼的球员 2 时，球员 A 应该迅速移动到球员 2 附近盯防，而球员 B 继续在篮下防守。

图 c：　如果球员 2 将球传给位于对侧侧翼的球员 3，那两名防守球员应该相互交换任务，球员 B 迅速移动到球员 3 附近，对其进行盯防，同时球员 A 向篮下移动，以保护篮筐。

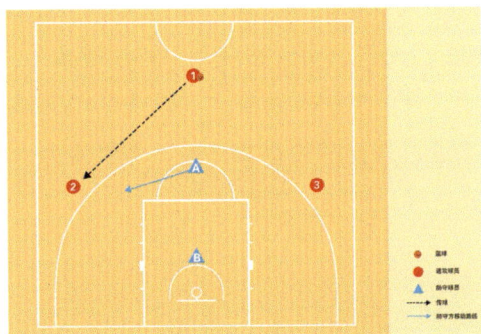

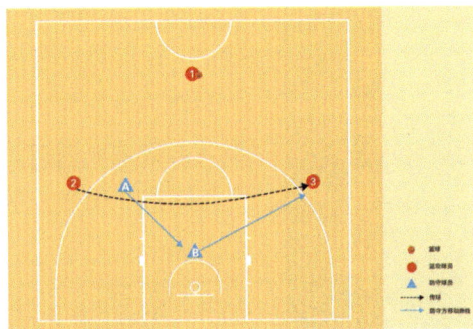

图 d：　当球员 A 在弧顶附近对持球球员 1 进行防守时，球员 1 传球给球员 2，因为球员 A 离球员 2 较远，需要先向后转身再移动，所以可能来不及防守球员 2，这时可以由距离较近的球员 B 防守球员 2，球员 A 后撤到篮下。

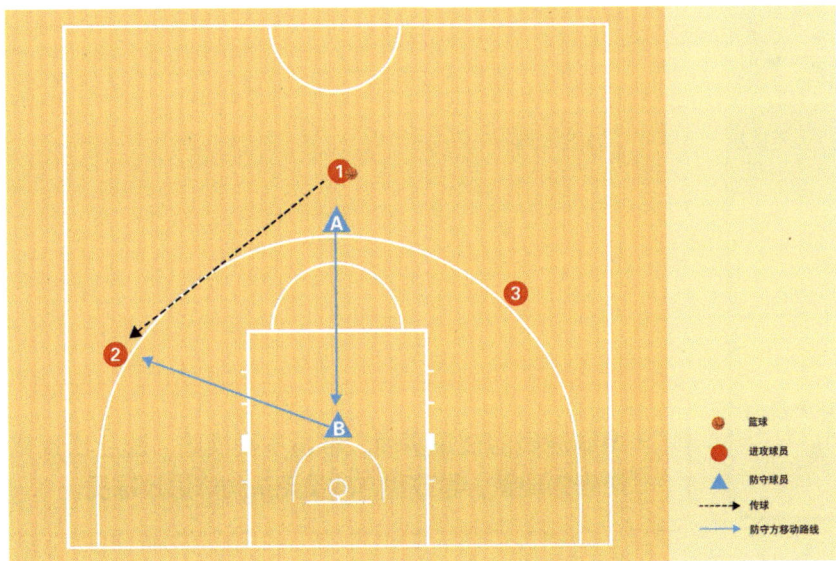

应对掩护动作的事前准备

战术详解

如果想要应对对手的掩护，不给对手传球的机会，可以对接球球员使用"挤过战术"，或者对掩护球员使用"穿越防守"的方法，来避开对方的掩护，从而展开防守。

图a：当持球球员 1 想要传球给队友，球员 2 为球员 3 设立掩护，让球员 3 去接球时，防守球员便可以使用"挤过战术"，挤到球员 2 和球员 3 之间，来应对对方的掩护。球员 C 跟防球员 3 时要紧贴对方，在接近过来掩护的球员 2 时，调整姿势以免与球员 2 相撞，从而成功避开掩护，继续防守。

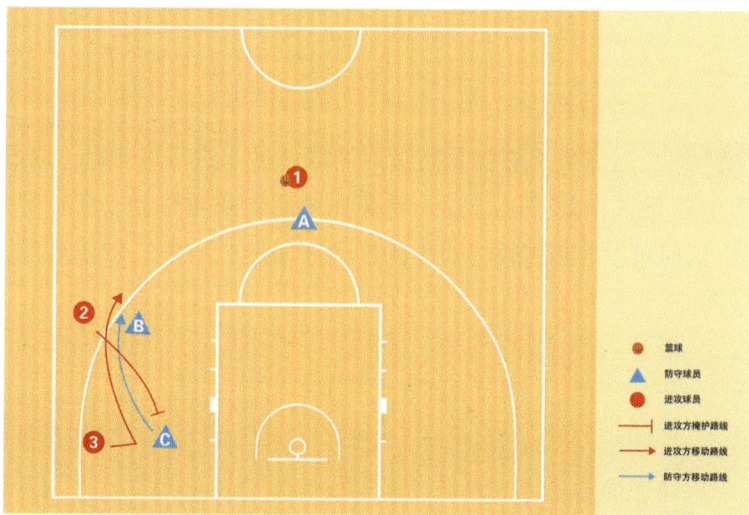

	篮球
	防守球员
	进攻球员
	进攻方掩护路线
	进攻方移动路线
	防守方移动路线

注意事项！

·内线球员的注意事项：尽量不要换防，避免出现错位防守的现象，导致我方球员无法防守进攻球员。

难度等级
★ ★ ☆

图 b： 当持球球员 1 想要传球给队友，球员 2 为球员 3 设立掩护，让球员 3 去接球时，如果掩护球员无法马上制造投篮机会，我方可以使用"穿越防守"的方法，球员 B 向后退以留出适当空位，让球员 C 能够穿过防守球员 2，对球员 3 进行防守。注意，球员 C 应该选择可以同时看到篮球和球员 3 的站位。

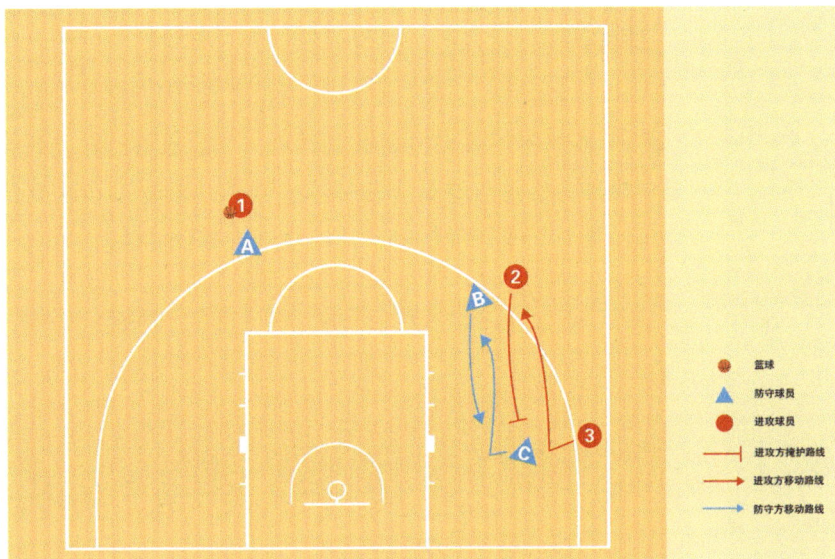

注意事项！

· 外线球员的注意事项：外线球员的视野较为开阔，可以比较全面地观察场上局面，要在观察完局势后判断出适合的应对掩护的战术，帮助队友进行严密的防守。

指导建议

在球场上，面对不同类型的掩护，需要采用针对性的应对方法。上述两种方法是针对掩护球员下挡的防守方法，防守球员要判断场上局面后，再选出适合的处理方法，摆脱掩护。

练习 91

针对高低位战术的防守策略

难度等级
★★☆

战术详解

如果对手有高个子的内线球员，那对手经常会使用高低位战术来进攻。想要破解高低位战术，通过防守不让实施该战术的核心球员进入高位区域接球即可。

图 a：如果想要破解高低位战术，关键是阻止进攻球员 1 在高位接球。当进攻球员 1 在低位区域时，球员 A 和球员 B 要迅速移动到球员 1 面前防守，让他无法去高位接球。

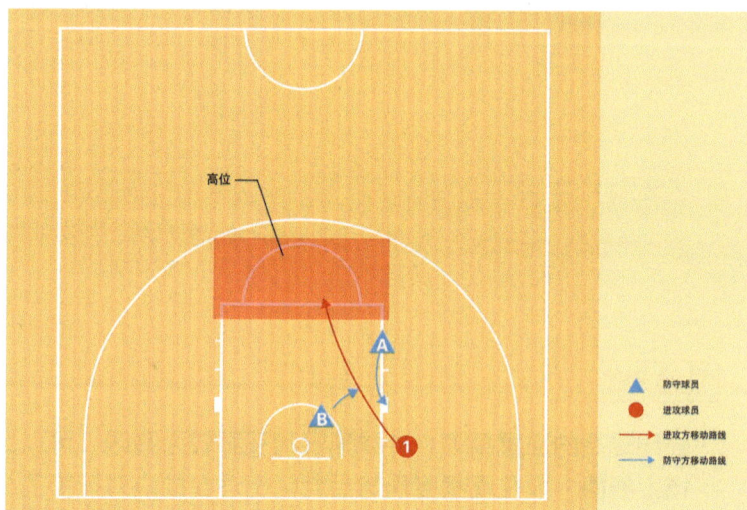

高位

防守球员
进攻球员
进攻方移动路线
防守方移动路线

指导建议　防守要具有整体性，虽然针对高低位战术的防守方法比较简单，但场上的其他球员仍要保持注意力集中，根据场上局势变化及时调整站位。

图 b： 如果球员 1 已经在高位接到球，那此时不仅需要防守球员 1，还要防守低位球员 2，一般情况下，球员 B 可以用身体阻止球员 2 进入三秒区内。需要注意的是，如果球员 B 正对着球员 2，用身体正面阻止对手，那很容易让球员 2 滑入三秒区；所以要用身体侧面靠近球员 2，双脚分开，双膝微屈，用力站稳，以制止球员 2 强行闯入。

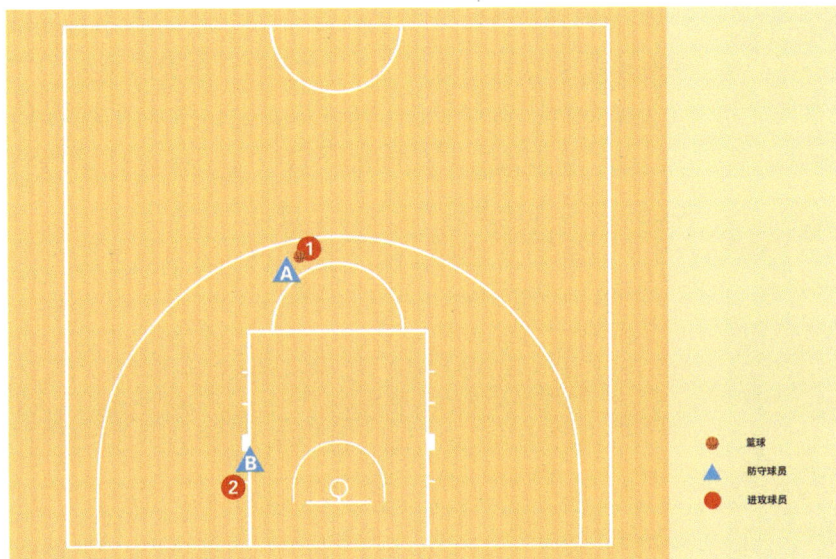

篮球
防守球员
进攻球员

注意事项！

· 内线球员的注意事项：在防守低位球员时，如果低位球员已到达篮筐附近，那可以适当进行身体接触，以达到更好的防守效果。但要注意不要犯规。

· 外线球员的注意事项：干扰进攻球员向内线传球时，可以通过抬起手臂等方式增大自己的防守范围，给对方施加压力。

练习 92

阻止行进间传球的防守顺序

难度等级
★ ★ ☆

战术详解

　　行进间传球是进攻方常用的配合方法之一。要阻止行进间传球，重要的是在球传出去的瞬间开始移动，占据有利防守位置，阻止对手切入内线。

图 a：如果持球球员 1 将球传给位于侧翼的球员 2，在球被传出的同时，防守球员 1 的球员 A 应该迅速沿传球路线移动 1~2 步，挡在球员 1 的前切路线上，用身体正面阻挡球员 1 前切至内线，而球员 B 要对球员 2 进行严密防守。

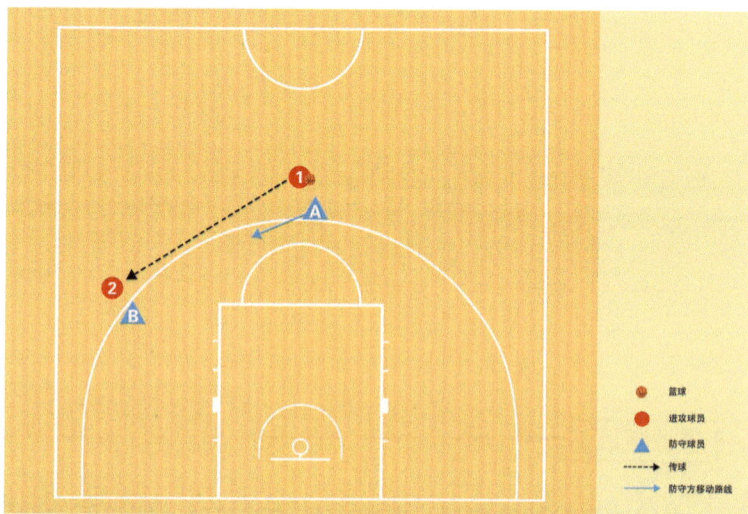

- 🏀 篮球
- 🔴 进攻球员
- 🔺 防守球员
- ⟶ 传球
- ⟶ 防守方移动路线

指导建议

　　球员 B 防守球员 2 时，要保持较强的压迫，并始终用手掌挡在球前，以防球员 2 抓到空当，传球给准备前切的球员 1。

图 b：　球员 1 传球给球员 2 后，球员 1 因为被防守球员 A 挡住了路线无法前切至内线，所以球员 1 可能会尝试后切，从防守球员背后绕过。这时，球员 C 应该向持球球员 2 所在的位置移动，在球场中央采用"缩小联防"的方式进行防守，阻止持球球员 2 将球传给后切到内线的球员 1。

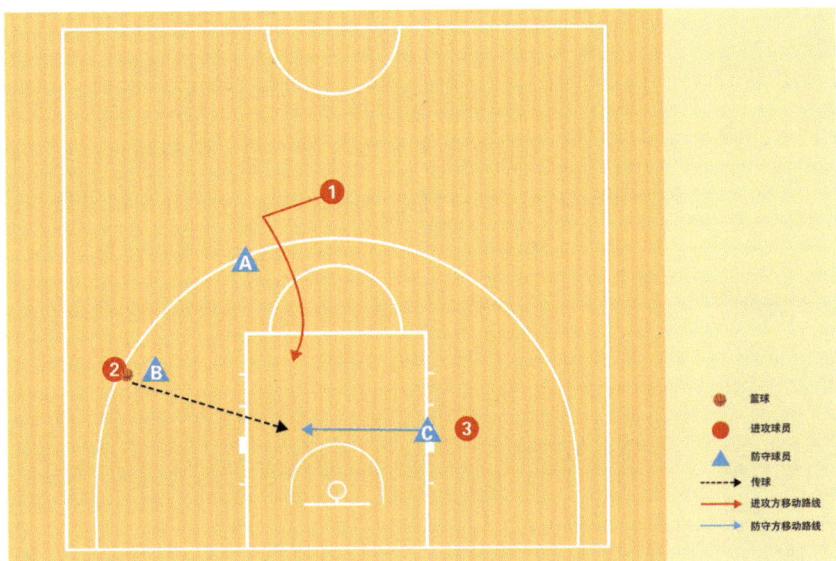

篮球
进攻球员
防守球员
传球
进攻方移动路线
防守方移动路线

注意事项！

· **内线球员的注意事项：** 如果进攻球员通过行进间传球的方式成功切入内线，那在附近的内线防守球员应该马上放弃自己之前盯防的对手，迅速前去防守。

· **外线球员的注意事项：** 持球球员 1 在完成传球后，很有可能通过前切进入内线，所以防守球员 1 的外线球员 A 要迅速挡在对方的切入路线上，并且双脚分开略比肩宽，双臂交叉放在胸前，努力保持身体稳定，以免被对方撞倒。

练习 93

利用假后退应对挡拆战术

战术详解

如果对手在侧翼区域执行挡拆战术，这时不需要换防，通过控制对手的移动路线，不给他们投篮的机会，便可以有效防止对手使用挡拆战术展开进攻。

图 a：当持球球员 2 想要向弧顶方向移动，球员 1 为球员 2 设立掩护时，防守球员 A 要假意后退，吸引掩护，而后用身体侧面紧贴球员 2，并通过挤过战术，从球员 1 和球员 2 的中间越过掩护，确保自己的防守移动路线不被掩护干扰。

- 篮球
- 防守球员
- 进攻球员
- 防守方移动路线
- 进攻球移动路线
- 进攻方掩护路线

注意事项！

· 外线球员的注意事项：如果对手在三分线外侧使用挡拆战术，外线球员要通过挤过战术越过掩护，对持球球员进行防守。因为持球球员无法在运球时立即投篮，所以不要勉强挤过掩护球员，以免犯规或摔倒。

难度等级
★ ★ ☆

图 b：　如果持球球员 1 到了弧顶附近，使用挡拆战术将球传给了位于内线的球员 2，在这种情况下两名球员无法完成严密的防守，需要通过团队防守来应对。防守球员 C 要及时过去协防，对球员 2 进行防守，球员 A、球员 B、球员 D 进行轮换防守。如果球员 1 向侧翼球员 3 传球，就保持原有的盯防安排不变。

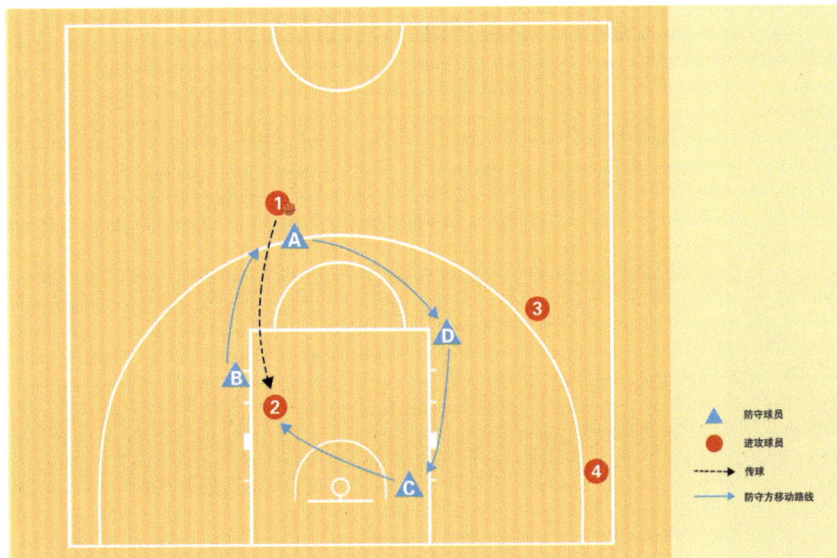

▲ 防守球员
● 进攻球员
⚫----▶ 传球
——▶ 防守方移动路线

注意事项！

· 内线球员的注意事项：如果对手在三分线内侧使用挡拆战术，那么球员 B 便要向篮筐方向假后退，以免妨碍队友 A 的防守，假后退后要及时回到之前的盯防对象附近，继续展开防守。注意假后退时，不要离自己的盯防对象太远。

指导建议

　　如果想要破解对方的挡拆战术，球员之间的合作是必不可少的。球员要时刻注意对方持球球员的动态，在必要的时候及时展开协防。

练习 94

用跟踪应对掩护

难度等级
★ ★ ☆

战术详解

面对进攻方的掩护，如果想要在避免与对手发生身体碰撞的前提下绕过掩护球员，那可以紧跟在进攻球员身后，使用跟踪的方法，并尽可能缩短自己的移动距离，以避开掩护球员的阻拦。

图 a：当球员 2 为球员 1 设立掩护时，如果球员 A 想要绕过球员 2 的掩护继续对球员 1 进行防守，除了使用"挤过战术"，球员 A 还可以通过紧跟在球员 1 身后来躲避掩护球员，即跟踪。注意，球员 A 应选择距离最短的路线绕过掩护，这样不容易被掩护球员 2 阻拦，也不容易造成犯规。

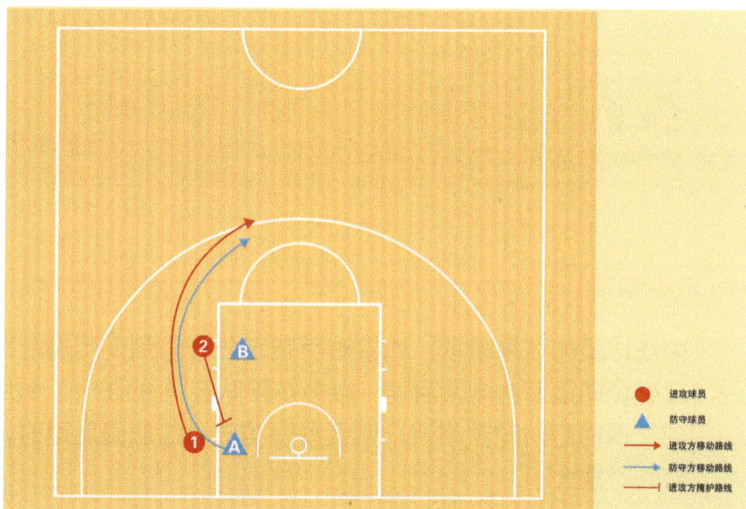

● 进攻球员
▲ 防守球员
→ 进攻方移动路线
→ 防守方移动路线
→ 进攻方掩护路线

指导建议

如果使用跟踪的方法，虽然可能会让进攻球员 1 接到传球，但是因为球员 A 一直紧跟着球员 1 盯防，而且大多数情况下接到传球的球员 1 都是背对着篮筐，所以比较容易防守。

图 b：以最短路线绕过掩护球员是跟踪战术成功的关键。防守球员要先用外线一侧的脚（本书中的情况为左脚）向掩护球员的侧面迈出一步，然后另一只脚迈到掩护球员的背后，通过此步法来有效避开掩护。

进攻球员的
移动方向

掩护者

防守者

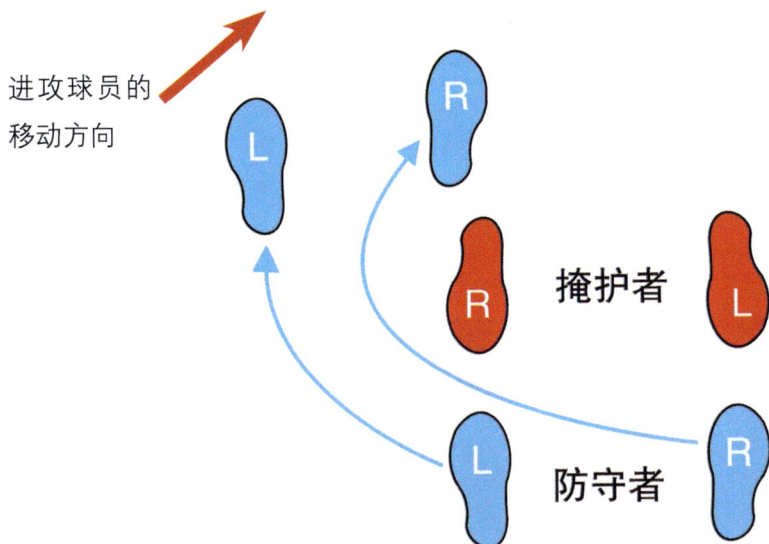

图 c：如果球员 1 发现球员 A 使用跟踪战术跟在自己后方，球员 1 很可能通过卷切甩开防守并切入内线。这时，防守球员 2 的球员 B 应该及时上前协防，挡在球员 1 的切入路线上，阻止其切入内线。

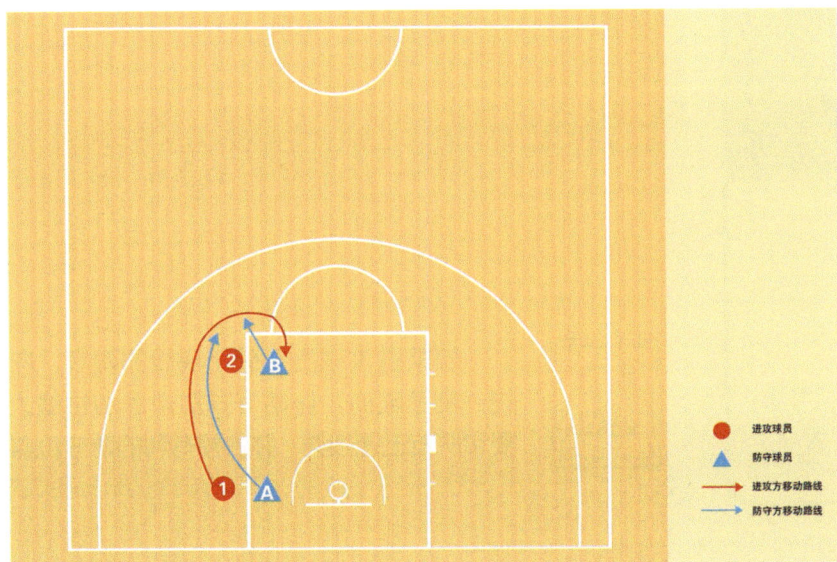

● 进攻球员
▲ 防守球员
→ 进攻方移动路线
→ 防守方移动路线

练习 95

阻止横向掩护的方法

战术详解

如果想要减少我方篮下失球的次数，提高防守水平，那么应学会应对对手的横向掩护。简单的防守方法可以概括为"低换防，高停留"，针对不同情况要使用不同方法。

图a：如果球员3横向给球员2掩护，球员C要迫使球员2向高位移动，防守球员B不需要改变盯防对象，紧跟着球员3进行防守。注意，对手在高位接球便可以使用"高低位战术"，因此球员C防守时要紧贴着球员2移动，让他无法接球。

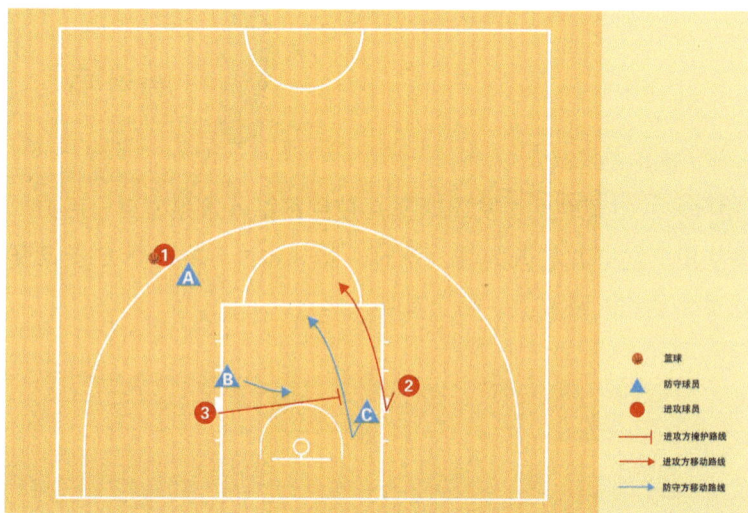

🏀	篮球
🔺	防守球员
🔴	进攻球员
——	进攻方掩护路线
→	进攻方移动路线
→	防守方移动路线

指导建议

如果进攻球员突破了底线的防守，向底线一侧移动时，原防守球员切忌匆忙追人，要和队友迅速换防，并占领有利的防守位置。

难度等级
★★☆

图 b： 在一般情况下，球员 C 要迫使球员 3 向高位方向移动，避免底线防守被突破。如果球员 3 突破了该侧的底线防守，并且球员 2 过来设立掩护，让之前防守球员 3 的球员 C 无法继续盯防，这时球员 B 要迅速换防，用身体挡住球员 3，并紧跟球员 3 进行防守，球员 C 则换防球员 2。

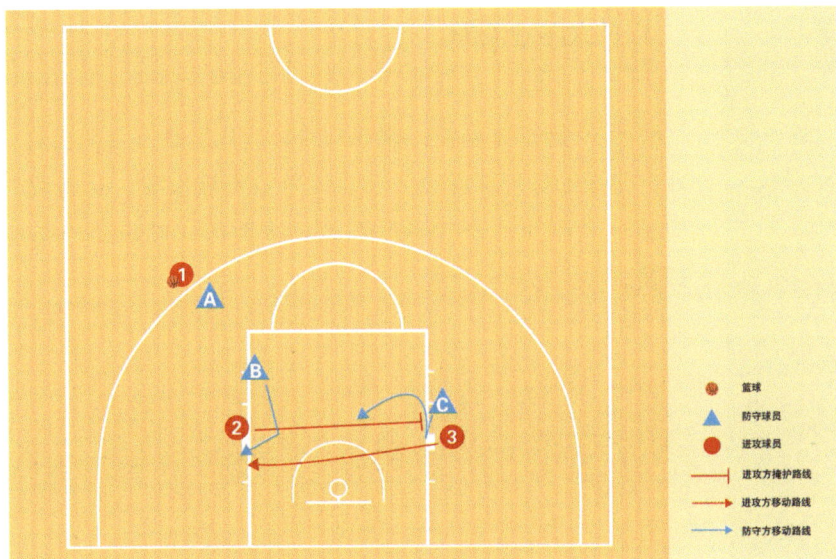

🏀	篮球
🔺	防守球员
🔴	进攻球员
⊢——	进攻方掩护路线
——▶	进攻方移动路线
——▶	防守方移动路线

注意事项！

· 内线球员的注意事项：如果需要换防，那内线球员 C 在要换防时迅速完成前转身，绕过球员 2 的掩护，然后移动到球员 2 内侧，对球员 2 进行防守。

· 外线球员的注意事项：球员 A 防守持球球员 1 时，要努力防止球员 1 将球传至内线。为此，球员 A 可以尽量靠近持球球员，用手和身体遮挡他的视线，不断施加防守压力，让持球球员找不到机会传球或在其传球瞬间断球，破坏传球路线。

练习 96

了解防守的原则

战术详解

防守时，在合适的时机回防以及占据有利防守位置是成功的关键。此外，防守时还要遵循一些基本原则，如迅速跑回中线，在三分线附近拦截外切的进攻球员以扩大防守范围。

图 a： 篮球比赛中，攻守方的转换几乎是无缝衔接的。如果我方进攻时投篮未投进，并由对手抢得篮板球，此时我方球员应该迅速回防，全速跑回罚球线或肘区，然后转身防守进攻球员。

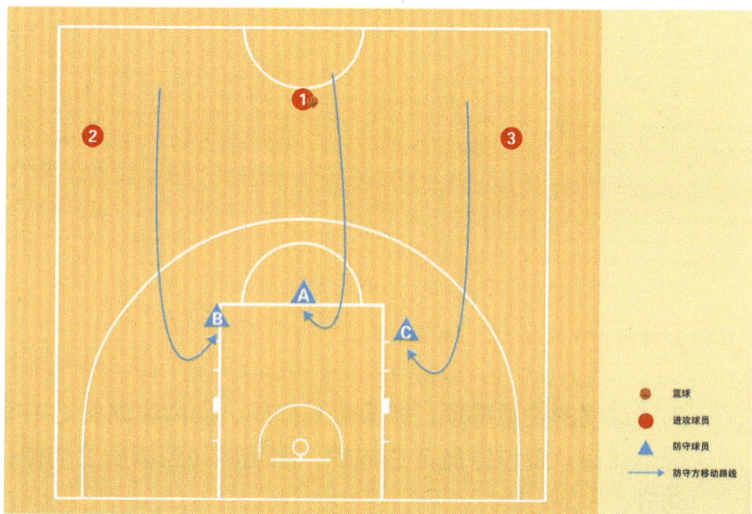

- 篮球
- 进攻球员
- 防守球员
- 防守方移动路线

指导建议

注意，要遵循"先保护篮筐，再阻挠篮球"的原则，在确认篮下防守稳固之后，再尝试扩大防守范围。

难度等级
★★☆

图 b：　如果我方没有抢得篮板球，那我方球员应该迅速回到我方篮筐周围展开防守。球员 D 距离篮筐较远，所以可以在观察场上局势后向防守薄弱区域移动（远离持球球员 1 的方向），以免持球球员传球到防守薄弱区域。

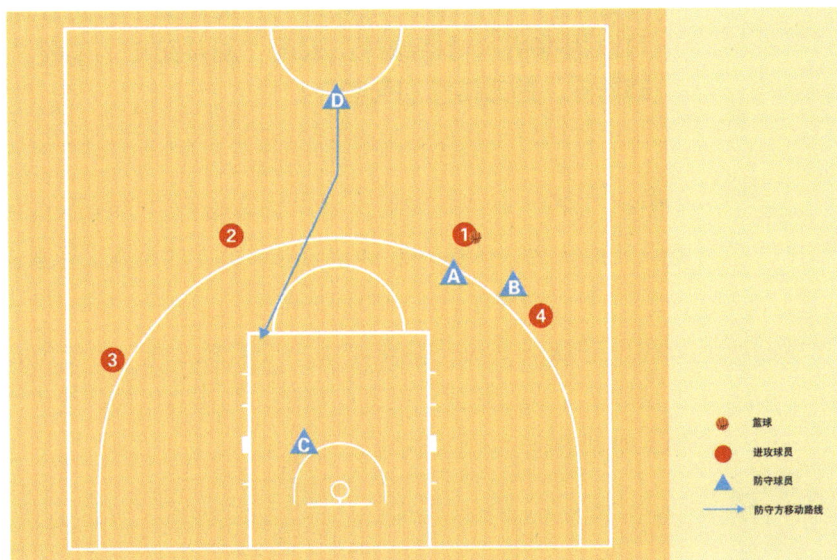

🏀	篮球
🔴	进攻球员
🔺	防守球员
→	防守方移动路线

注意事项！

· 内线球员的注意事项：内线球员回防时要迅速返回篮下，一般中锋会最早到达篮下，此时中锋要抢占有利的篮下位置，并对进攻方中个子较高的球员进行重点盯防。

· 外线球员的注意事项：在盯防进攻球员时，要先重点阻挠持球球员来为队友争取回防的时间，而不是重点去抢断篮球。

练习 97

共同遵守防守理论，加强一对一防守

难度等级
★ ★ ☆

战术详解

　　如果球员提前理解一些防守理论，那会有效提高我方进行 1 对 1 防守的效率。一般情况下，防守球员可以根据情况对持球球员采用"漏斗防守"或者"风扇防守"的方法来加强防守。

　　图 a：在 1 对 1 防守时，如果防守球员 A 与持球球员 1 的身高差距较大，球员 A 能够轻易对球员 1 的投篮进行盖帽，那球员 A 可以迫使球员 1 向中线方向移动，进行"漏斗防守"。如果防守球员 B 位于持球球员 2 与篮筐之间，那球员 B 可以迫使球员 2 向边线或底线方向移动，利用边线或底线作为障碍物，对其进行"风扇防守"。

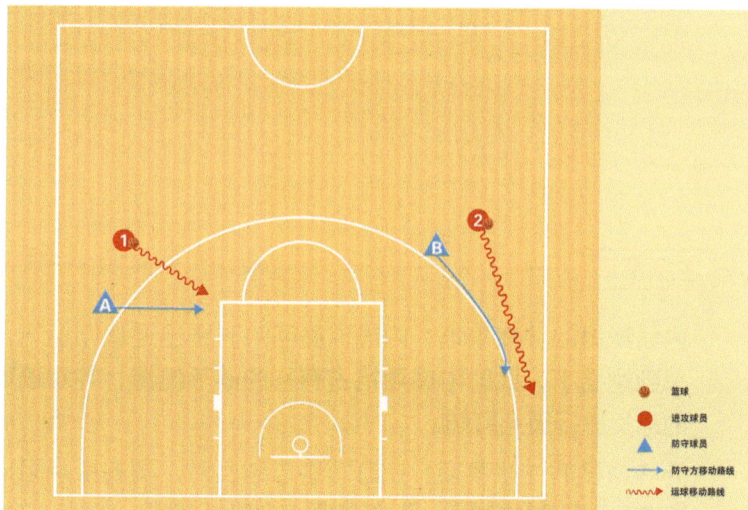

篮球
进攻球员
防守球员
防守方移动路线
运球移动路线

指导建议

　　如果球员 A 在身高和弹跳力上具有一定优势，那在盖帽时不要封盖正在下落的篮球，否则会犯规。封盖的最好时机是在对方刚出手的瞬间，注意不要打到对方的手或手臂。

图 b： 球线（进攻方持球者所在水平线）与端线平行，如果防守球员退到球线与篮筐之间的区域内，那这些球员都能有效保护我方篮筐。中央线为连接两个篮筐的线，可以将球场分为有球侧与协助侧。防守能力强的球队会灵活利用中线，通过采用合适的队形进行防守。

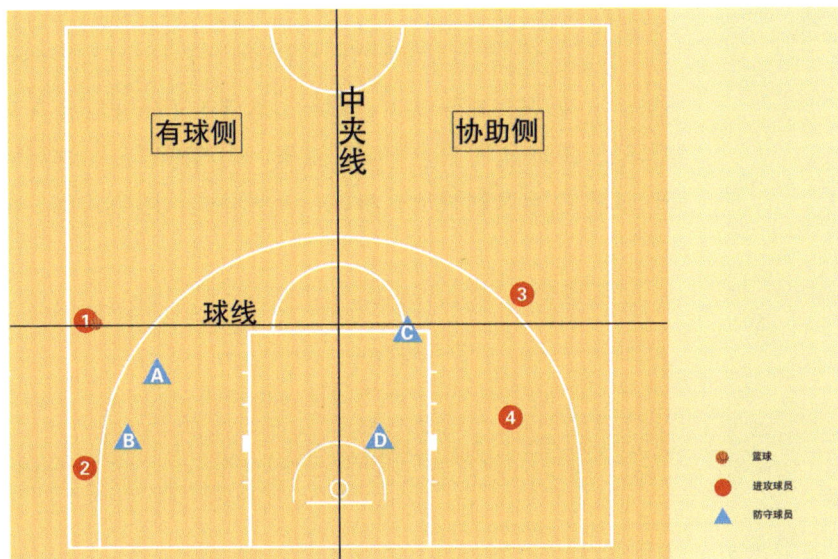

注意事项！

· 内线球员的注意事项：内线球员要时刻注意球线与中线的位置，并遵循"球、你、人"原则（即防守球员"你"位于持球人"球"与防守对象"人"之间）与阻绝原则，挡在持球球员与自己防守的球员的传球路线上，进行严密防守。

· 外线球员的注意事项：如果进攻球员比较擅长投三分球，那外线防守球员不要太靠近中线，这样便有足够的空间施展防守动作，以免对手接到传球后直接投篮。此外，外线防守球员可以根据对手的投篮能力，及时调整自己的位置。

练习 98

有效阻止运球突破的协防

战术详解

在实际比赛中，通过协防来阻止运球突破的成功率比单人防守的成功率高很多。一般情况下，可以通过轮换协防和协防恢复来达到有效防守的目的。

图 a：如果持球球员 1 在侧翼运球突破了防守球员 A 并向内线移动，那球员 B 要上前张开双臂，对持球球员 1 进行协防；同时球员 C 后退到球员 2 身前，及时补防，以免球员 1 传球给球员 2。

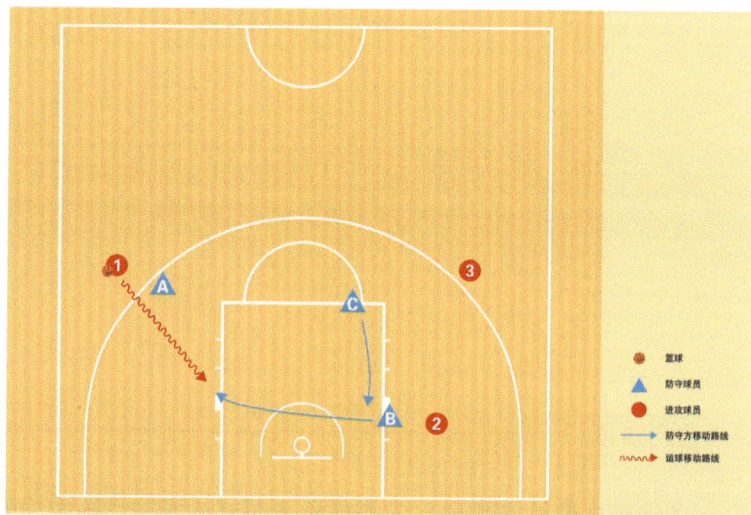

	篮球
	防守球员
	进攻球员
	防守方移动路线
	运球移动路线

指导建议

球员 B 上前协防与球员 C 后退补防要同时进行，保持协调一致，以免出现防守空位，给对方球员投篮的机会，造成篮下失分。

难度等级
★ ★ ☆

图 b：　如果持球球员 1 已经突破了外线的防守，欲进入三分线内时，球员 A 要紧跟着球员 1 进行防守，同时球员 B 也需要上前协防。注意，球员 B 要横向移动，保证身体正面朝向自己需要盯防的球员 2。如果球员 1 有传球动作，那球员 B 要迅速回防，继续对球员 2 进行防守。

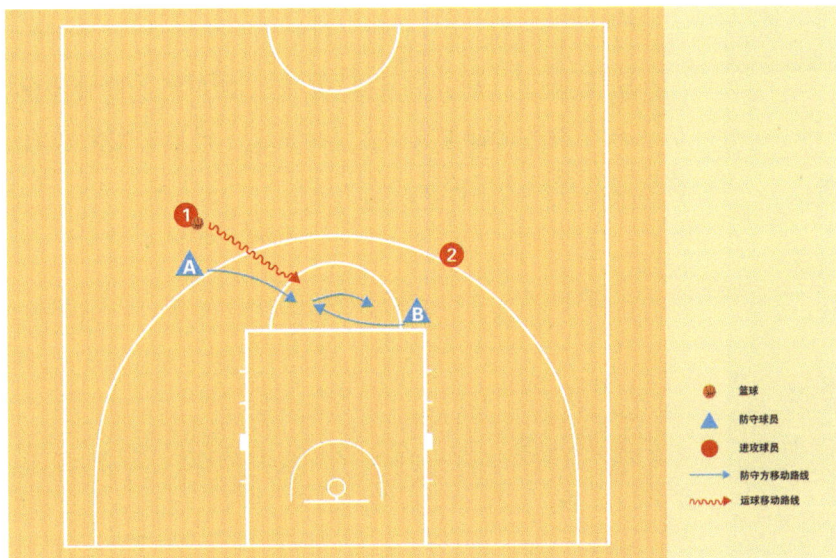

图例	
🏀	篮球
🔺	防守球员
🔴	进攻球员
→	防守方移动路线
〜〜➤	运球移动路线

注意事项！

- 内线球员的注意事项：在轮换协防时，内线球员不仅要上前阻断持球球员的运球突破路线，同时还要阻止对手的反传球动作。

- 外线球员的注意事项：在协防恢复时，外线球员不能因为协防持球球员而忽视自己的盯防对象，使其无人防守。

指导建议

　　在对运球突破进行协防时，当突破到低位时要进行轮换协防，而当突破到高位时要进行协防、恢复。防守球员之间要配合默契，保证整体防守的协调统一。

练习 99

设置陷阱使防守具有攻击性

难度等级
★ ★ ☆

战术详解

在比赛中，一般会在运球或者传球中设置陷阱，不仅可以借此夺球，还可以趁机调整比赛节奏，使比赛朝着对我方有利的方向发展。

图 a：球员 1 将球传给球员 2 后，球员 B 去防守球员 2，球员 A 将手臂在体前抬起，在持球球员 1 前面设置跳跃陷阱，这样可以有效防止反传球。

图 b：球员 1 向底角运球，球员 B 跟在持球球员 1 身后，在可以看到球员 1 的后脑勺时，便可以设置陷阱，与球员 A 一起包夹球员 1。

图 c：　如果持球球员 1 位于中圈附近，此时即使球员 A 和球员 B 一起设置陷阱并进行夹击，也很难有效防守持球球员 1。因为位于中圈附近的持球球员 1 可选择的运球或传球路线很多，无法全部防守，所以在这种情况下，一般不设置陷阱。

图 d：　如图所示的四个圆圈部分，上面两个夹在中线和边线中间，下面两个夹在底线和边线中间，如果持球球员 1 在这四个位置（即"棺材角"），不管是运球还是传球都会受到很大的限制，所以这四个位置非常适合设置陷阱进行包夹。如果球员 A 和球员 B 同时逼近球员 1，给球员 1 施加压力，那么球员 1 不得不将球传出去。

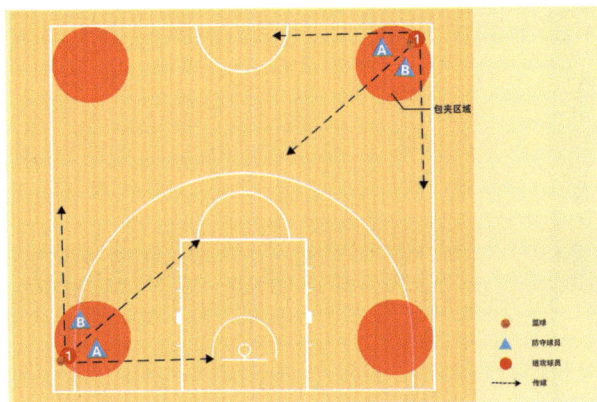

指导
建议

　　防守时，可以借助场地的地形特点在不同位置设置防守陷阱。常见的利用中线、边线和底线逼迫持球队员向各夹角处移动，在合适时机对其进行夹击，阻止对方进攻和传球，剩下的队员及时上前阻断传球路线，伺机抢断。

练习 100

用区域紧逼使比赛向利我方

向推进

难度等级
★ ★ ★

战术详解

　　如果正确使用区域紧逼，可以达到减慢对方进攻节奏、抢断篮球等目的。在比赛中，可以根据对手的特点和比赛的情况灵活使用，以把握比赛节奏，获得最终胜利。

图 a：　如果对手在前场控球，准备进攻时，我方球员可以从球场的四分之三处设置"1-2-2"区域紧逼。防守球员 A 和球员 B 要将持球球员 1 逼到场地边线，并且设置陷阱。此时，防守球员 D 要移动到持球球员 1 的正前方，以拦截球员 1 的纵向传球，而球员 C 和球员 E 分别向中圈附近和罚球线附近移动。注意设置包夹的位置，要在持球球员 1 接近边线后再设置陷阱，不然球员 1 的运球和传球的路线选择较多，很难进行全面防守。

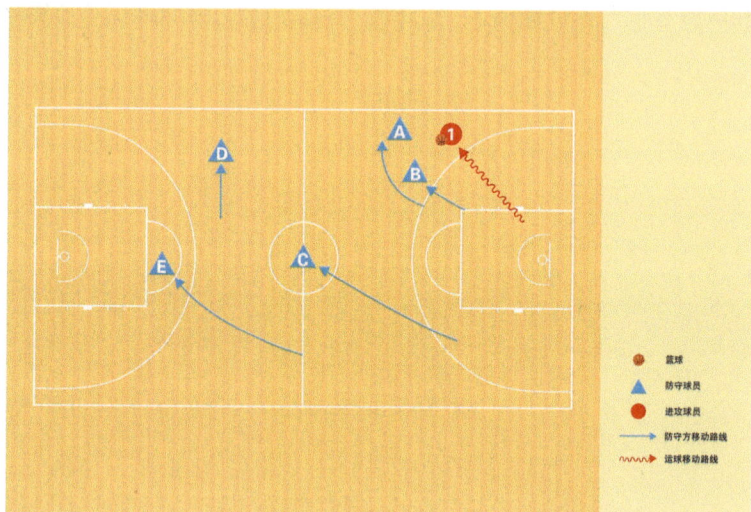

● 篮球
▲ 防守球员
● 进攻球员
→ 防守方移动路线
〰→ 运球移动路线

图 b：当对手在前场控球，准备进攻时，也可以在球场的四分之三处退后一些的位置设置"1-2-2"区域紧逼，目的是将持球球员 1 引入后场，在边线和中线的夹角区域（即"棺材角"，如图所示的圆圈部分），球员 A 与球员 D 设置陷阱进行包夹。此时，球员 E 应移动到持球球员 1 前方以拦截纵向传球，球员 C 补到球员 E 之前的位置（即罚球线附近）。球员 B 一开始就占据了中圈附近的位置，所以可以将持球球员 1 的传球路线限制在边线一侧，这样可以更容易地抢断球。注意，要在持球球员 1 进入"棺材角"后再设置陷阱，以提高我方抢球的成功率，使比赛向利我方向推进。

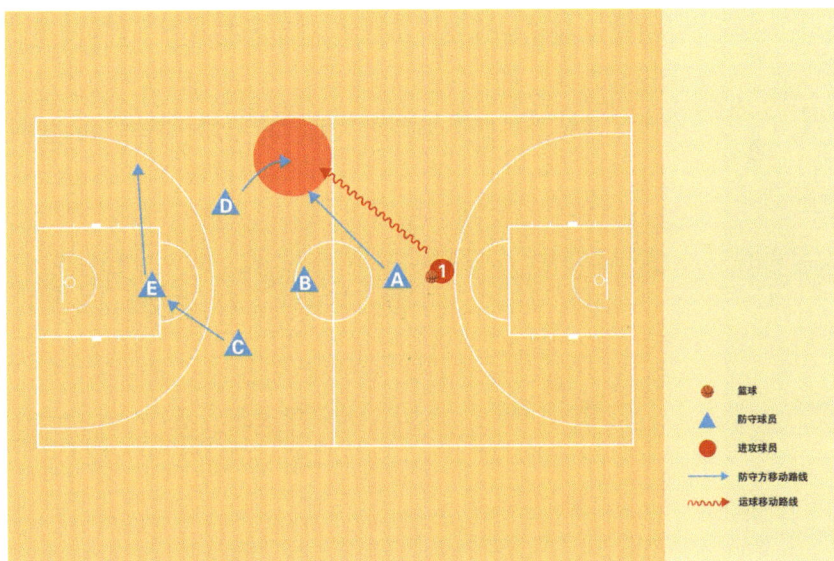

图例	
●	篮球
▲	防守球员
●	进攻球员
→	防守方移动路线
⟿	运球移动路线

指导建议

　　不管使用哪种队形进行区域紧逼，都要注意设置陷阱的时机。通常情况下，在我方确定投篮之后，便要开始准备列队形，因为篮球落下后再着手准备就已经来不及了。此外，罚球投进或者暂停结束之后也是进行区域紧逼的好时机。

练习 101

阻止对方明星球员得分

难度等级
★ ★ ☆

战术详解

明星球员是球队得分的主力，大多数球队都会依靠明星球员来让比赛往对自己有利的方向发展。如果想要阻止对方明星球员得分，有效的方法是避免他接到传球，或者控制他的移动范围，使其不能自由跑动。

图 a：如果对方球队中只有一名明星球员 5，那可以让我方防守能力较强的球员 E 对其进行面对面防守，其他四名球员采用区域联防，即"一盯人四区域"。进行区域联防的四名球员分别站在矩形的四个顶点上，即"矩形加一防守"的队形。

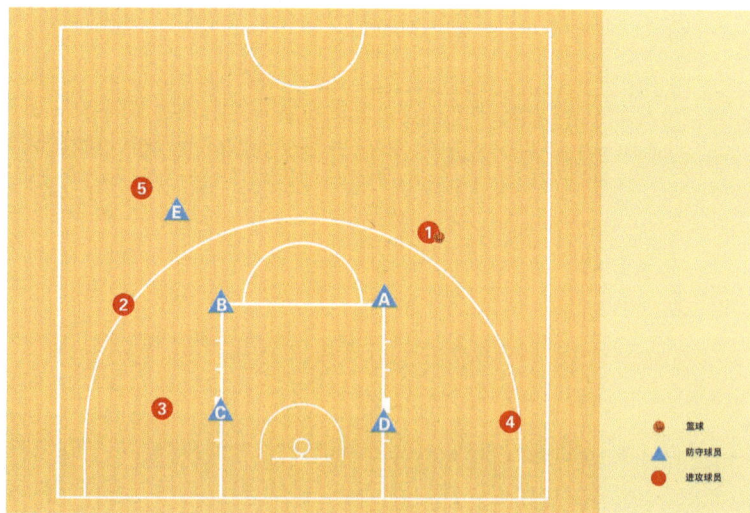

篮球
防守球员
进攻球员

指导建议

如果想阻止明星球员接到传球，高效的防守方式便是面对面防守，双膝弯曲，降低自己的重心，并用自己的上半身尽可能靠近对方，以缩小对方的移动范围，使其不能自由移动去接球。

图 b：　如果对方球队中有两名明星球员，那可以安排两名能力较强的防守球员分别对其进行面对面防守，剩下的三名球员分别在罚球线与低位区域两侧进行区域联防，并且三个人的位置要构成一个三角形，即"第二个三角"。这个站位与"一盯人四区域"相比，虽然在内线的防守较为薄弱，但这样可以有效阻止明星球员接到传球，减少其得分的机会。

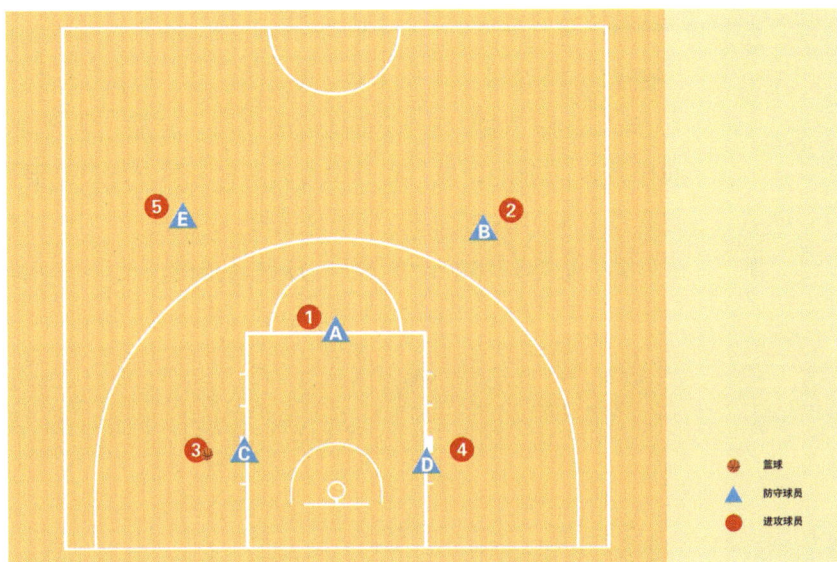

● 篮球
▲ 防守球员
● 进攻球员

指导建议

通常情况下，明星球员都比较擅长接球，力求抓住任何机会来接到队友的传球并展开进攻。所以在明星球员接到传球后，我方可以安排两名防守球员设置陷阱，对其展开夹击，迫使明星球员将球传给能力较弱的队友。

练习 102

灵活发挥区域联防和 1 对 1 盯防的优势

战术详解

区域联防可以和 1 对 1 盯防同时进行，形成配对防守。配对防守不仅可以让我方的防守更加严密，还能给对方施加更多压力，使我方的防守具有一定的攻击性。

图 a：持球球员 1 位于弧顶附近时，防守球员 A 盯防球员 1，球员 B 除了要防守自己盯防的球员外，还要注意持球球员 1 和球员 D 防守的球员。在罚球线后的四名防守球员都要注意观察附近队友盯防的球员，所有球员要互相帮助，不断调整自己的位置，以尽可能阻止对手往无球区域传球。

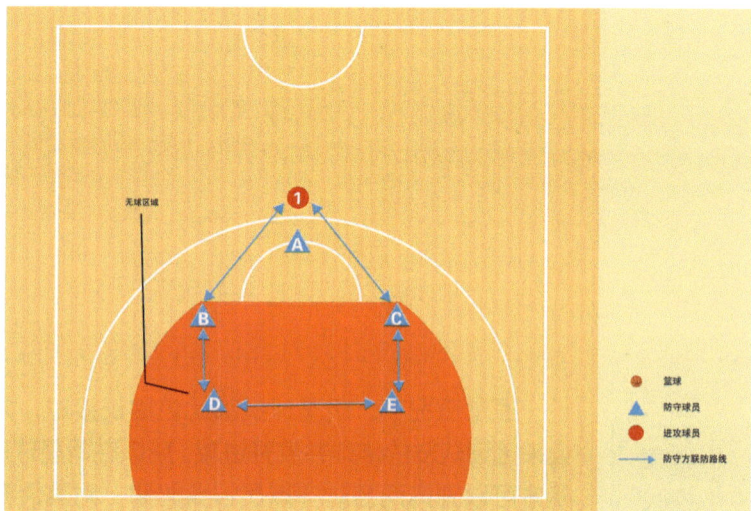

无球区域

	篮球
	防守球员
	进攻球员
	防守方防守路线

指导建议　配对防守要求球员之间配合默契，并且具有一定的整体意识和大局观念。球员只有通过足够的练习，相互磨合后才能发挥出配对防守的最大效果。

难度等级 ★★☆

作者简介

王宇

河北师范大学硕士；首都师范大学体育教研部副教授、硕士研究生导师；首都师范大学女子篮球队主教练，多次带队获首都高校篮球联赛冠军、CUBA联赛（北京）赛区冠军。主持、参与各类课题2项，发表CSSCI和EI论文2篇。主要研究方向：体育教学与训练。

张磊

硕士、副教授、国际级篮球裁判，现就职于首都体育学院；现担任中国篮球协会裁判委员会考核组成员、北京市篮球运动协会裁判委员会副主任。曾参与北京奥运会、广州亚运会、深圳大运会、2019男子篮球世界杯的竞赛组织工作。曾执裁世界军人运动会、世界中学生运动会、亚洲青年锦标赛等国际性赛事；多次执裁CBA、WCBA和CUBA等赛事的开幕式、季后赛、总决赛和全明星赛。2020年获得CBA十佳裁判称号。发表多篇核心期刊论文，参与省部级以上课题6项，创编《篮球裁判手势操》等8本图书。